Kerstin Hack

Swing

Dein Leben in Balance

*Für meine Eltern,
die mir das Leben geschenkt
und mir beigebracht haben,
es zu genießen. Danke!*

Swing – Dein Leben in Balance
2. Auflage September 2007
© Down to Earth Verlag, Berlin 2004
www.down-to-earth.de

Herausgeber

Down to Earth Verlag
Laubacher Str. 16 II
14197 Berlin

Tel: 030 - 822 79 62
Fax: 030 - 822 79 62
E-Mail: info@down-to-earth.de

Text: Kerstin Hack
Lektorat: Ulrike Propach, Franziska Arnold
Grafik/Satz: Michael Zimmermann, michaelzimmermann.com
Coverfoto: Bob Mitchell (Corbis)
Illustrationen: Ursula Chaoul
Druck: Druckerei C. H. Beck, Nördlingen
Printed in Germany

ISBN 978-3-935992-24-4

Vertrieb

Down to Earth bei Chrismedia
Robert-Bosch-Str. 10
35460 Staufenberg

Tel: 06406 - 8346 0
Fax: 06406 - 8346 125
E-Mail: dte@chrismedia24.de

Im Internet

www.down-to-earth.de
www.swing.down-to-earth.de

Das Werk einschließlich aller seiner Teile ist urheberrechtlich geschützt. Jede Verwertung ist ohne Zustimmung des Verlags unzulässig. Das gilt insbesondere für Übersetzungen, Vervielfältigungen, Mikroverfilmungen, Audioaufnahmen und die Einspeicherung und Verarbeitung in elekronischen Systemen (inkl. Internet).

Inhaltsverzeichnis

Vorwort von Birgit Schilling 5

Vorwort zur zweiten Auflage 7

Tag 1: Explosive Kreativität 13

Tag 2: Dynamische Ordnung 29

Tag 3: Nachhaltige Produktivität 51

Tag 4: Gesunder Rhythmus 71

Tag 5: Sprudelndes Leben 87

Tag 6: Belebende Beziehungen 105

Tag 7: Kraftspendende Ruhe 119

Nachwort 135

Anhang 1: Swing für Mehrere 136

Anhang 2: Die Schöpfungsgeschichte 138

Vorwort

Vorwort
Birgit Schilling

Dieses Buch ist für mich eine Einladung zum Leben: zum prallen, überfließenden, begeisterten Leben und Glauben. Nach anfänglicher Skepsis – Was soll denn der Schöpfungsbericht mit meinem Leben zu tun haben!? – war ich total verblüfft, zu sehen, dass Gottes Art die Welt zu erschaffen mir heute Anfang des 3. Jahrtausends eine Anleitung gibt, wie ich mein Leben balanciert gestalten kann.

Während ich *Swing* las, saß ich auf meinem Ecksofa im Wohnzimmer und hatte das Empfinden, mit der Autorin über mein Leben zu reden. Ich freute mich, dass wir in manchen Bereichen unabhängig voneinander zu ähnlichen Antworten auf die Frage, wie man das Leben gut und ausgewogen leben kann, gekommen waren: Kerstin Hack im Blick auf ihren Alltag als Verlagsleiterin und ich im Blick auf meine »Firma« Familie und meine Beratungspraxis. Gleichzeitig freute ich mich über ganz neue Impulse für meine Lebensgestaltung.

Die anschaulichen Beispiele aus dem Leben von Kerstin Hack und ihre einfühlsamen Gedichte berührten mein Herz. Ihre Offenheit verbunden mit fundierter Fachkenntnis machen das Buch zu einem echten Schatz für mich.

Ich habe in dem Buch kräftig herumgeschrieben und die Ränder mit Anmerkungen versehen. Wichtige Sätze und Zitate habe ich unterstrichen und die inspirierenden Fragen im Blick auf mein Leben beantwortet. Einige Anregungen setzte ich sofort um: das »Erfolgs- und Danke-Buch«, die Ein-Minuten-Reflexionszeit, der grüne Marker für getane Arbeit. In den kommenden Monaten werde ich damit experimentieren, wie ich Aspekte der einzelnen Schöpfungstage in meinen Wochenalltag als berufstätige Mutter integrieren kann. Das ist einfach spannend!

Swing – Dein Leben in Balance ist so vielfältig, dass eine Buchhandlung wohl Schwierigkeiten haben wird, es einzuordnen: Es könnte unter der Rubrik Biografie stehen, aber auch unter Theologie, Management, Wellness, Lebenshilfe oder Psychologie – oder am Besten in allen Abteilungen.

Das Leben ist schön. Es gemeinsam mit dem Schöpfer zu entdecken, ist ein Abenteuer – dazu fordert dieses Buch heraus. Danke!

BIRGIT SCHILLING

Birgit Schilling ist als Supervisorin (DGSv) und Coach tätig. Sie ist Familienfrau und Autorin von »Besser einfach – einfach besser: Das Haushalts-Survival-Buch« und von »Wir hatten es uns so sehr gewünscht!«

Vorwort zur zweiten Auflage

Mein Leben ist nicht wohlgeordnet. Das liegt einerseits daran, dass ich selbstständig bin und eine Vielfalt unterschiedlicher Aufgaben zu erledigen habe. Ich habe niemanden, der mir von »oben« sagt, was ich tun oder lassen soll. Andererseits liegt es wohl auch daran, dass ich jemand bin, den nette Menschen als »kreativ«, weniger nette Menschen als »chaotisch« beschreiben.

Jahrelang habe ich versucht, mit ellenlangen To-Do-Listen, Wochen-, Monats- und sonstigen Plänen mein Leben in den Griff zu kriegen. Zeitweise klappte das ganz gut. Aber nach einer gewissen Zeit kamen mir alle Pläne, Tages- und Minutenlisten zu steif und zu einengend vor. So zu leben, funktionierte auf Dauer nicht, weil die Listen nur auf die Erledigung von Aufgaben konzentriert waren, aber die verschiedenen Bedürfnisse meiner Persönlichkeit nicht berücksichtigten. Ich sehnte mich nach einem neuen, ganzheitlichen, dynamischen, aber auch beruhigenden Lebensrhythmus.

Auf dieser Suche kam mir die Schöpfungsgeschichte in den Sinn. Für manche Menschen ist die Schöpfungsgeschichte ein rein symbolischer Mythos, für andere, zu denen ich mich zähle, beschreibt sie das Handeln eines kreativen Gottes mit eigenständiger Persönlichkeit. Unabhängig von der Betrachtungsweise entdeckt man in ihr ein faszinierendes Muster für die Lebensgestaltung.

Die Schöpfungsgeschichte beschreibt eine Woche, die randvoll mit Arbeit gefüllt war. Eine komplette Welt zu erschaffen, ist selbst für Gott keine kleine Aufgabe. Aber die Beschreibung der Schöpfung strahlt dennoch ruhige Gelassenheit und Freude aus. Nirgendwo ist etwas von Stress und Überforderung zu spüren. Es klingt so, als ob Gott gelassen und kreativ eine Sache nach der anderen gemacht hat und offensichtlich Spaß dabei hatte. Es war offensichtlich, dass er ohne rigide Raster und Stundenpläne auskam und sich nicht schon am dritten Schöpfungstag aufs Wochenende freute, das zu diesem Zeitpunkt aber leider noch gar nicht erfunden worden war.

Ich gebe zu: Gott ist Gott und hat als solcher den Ruf, weise, vollkommen, klug, umsichtig und voller Kraft zu sein. Das kann man von mir nicht immer behaupten. Dennoch schien es mir logisch, dass in Gottes kreativer Art der Schöpfungswoche Gestalt zu geben, auch der Schlüssel für meine eigene Frage nach einem guten Lebensrhythmus zu finden sein würde.

Eines der Geheimnisse für ein gelassenes Leben hatte ich schon vor längerer Zeit entdeckt, nämlich die Beschreibung göttlicher Gelassenheit: »Am siebten Tage ruhte Gott«. Und der daraus abgeleitete Ratschlag für den Menschen: »Am siebten Tage sollst du ruhen.« Ich genieße diesen Ruhetag schon seit Jahren bewusst: Der Computer bleibt (meistens) ausgeschaltet, ich nehme mir entspannt Zeit, um zu lesen und mich auszuruhen, spazieren zu gehen und Kaffee zu trinken. Ich genieße es, nichts tun zu müssen. Meine Seele baumelt. Die Gedanken im Kopf und auch der Körper kommen zur Ruhe.

Für mich ist dieser Ruhetag kein Tag der Verbote, so wie das früher auf dem Land üblich war: Am Sonntag darf man kein Getreide ernten, keine Radieschen aus dem Boden ziehen und keine Wäsche waschen. Und bei Nichteinhaltung droht ein himmlisches Donnerwetter.

So ist dieser Tag für mich nicht. Es ist kein »Du darfst nicht!«-Tag, sondern ein »Du musst nicht«-Tag: »Du musst heute nicht den Rasen mähen und auch deine Steuererklärung darfst du ruhig liegen lassen!« Es ist ein Tag der Freiheit, die Dinge zu lassen, die ich an den anderen Tagen tun muss. Es ist für mich der Tag, an dem meine emotionalen und physischen Tanks wieder aufgefüllt werden.

Am siebten Tage ruhte Gott – und lädt die Menschen ein, mit ihm zu ruhen. Das hatte ich verstanden. Ich fragte mich: Sind womöglich im »Wochenplan« der Schöpfung weitere Muster zu erkennen, die das Leben in seiner Vielfalt ähnlich befreiend und wohltuend ordnen können, wie der Ruhetag? Könnte es sein, dass Gott einen Rhythmus »auf Lager hat«, der nicht nur die Arbeit ordnet, sondern auch den menschlichen Bedürfnissen nach Kreativität, Struktur, Produktivität, Freundschaft, Vision, Abenteuerlust und Ruhe Raum gibt?

Mit diesen Fragen im Hinterkopf habe ich mehrere Monate lang (fast) täglich die Schöpfungsgeschichte gelesen, ihrem Rhythmus nachgespürt und die Aktivitäten der einzelnen Tage genauer analysiert.

Ich war fasziniert von dem, was ich dabei entdeckte: Jeder Schöpfungstag hat eine spezifische Prägung. An jedem Tag kommt ein anderer Aspekt dessen, was man für ein gesundes Leben braucht, zum Ausdruck:

- explosive Kreativität
- beruhigende Ordnung/Planung
- erfolgreiche Produktivität
- gesunder Rhythmus
- sprudelndes Leben
- befriedigende Beziehungen
- kraftspendende Ruhe

All diese Dinge brauche ich auch zum Mensch-Sein, wenn ich nicht nur etwas tun, sondern auch ganzheitlich Mensch sein will. Wenn diese Aspekte in ausgewogener Mischung in einer Woche vorhanden sind, ist das Leben in Balance. Wenn nicht, zeigen sich früher oder später Mangelerscheinungen, die sich in Unausgeglichenheit, Stress, Überlastung oder Depression äußern. Neben den zentralen »Lebenselementen« beinhaltet Gottes Wochenplan auch »Pausenzeiten« und Zeiten der Reflexion und Bewertung.

Darauf aufbauend habe ich begonnen, die Grundmuster aus der Schöpfungsgeschichte als Gestaltungselemente in meinen Wochenplan zu integrieren. Ich versuche darauf aufbauend jede Woche so zu gestalten, dass einerseits die Arbeit getan wird, die ansteht (meine »To-Do-Listen«), andererseits aber auch die Dinge nicht zu kurz kommen, die mein Leben lebenswert machen (die »To-Be«-Aspekte). Seit ich das Muster der Schöpfungswoche zu einem Raster für mein Leben gemacht habe, bin ich ausgeglichener, weil alle meine Bedürfnisse zum Zug kommen und ihren Platz finden. Mein Leben ist mehr in eine Balance gekommen. Mit diesem Buch möchte ich Sie einladen, die Grundmuster des Lebens ebenfalls zu entdecken und auch für Ihr eigenes Leben einen wohltuenden Rhythmus zu entwickeln.

Neben beschreibenden Texten finden Sie auch Gedichte von mir, die helfen, den Rhythmus der Schöpfung zu erspüren. Daneben gibt es Fragen, die Sie ermuntern möchten, über Ihr eigenes Leben nachzudenken, sowie einige praktische Tipps. Manchen Menschen helfen konkrete Vorschläge und auch die Aufforderung, sich Gedanken zur

Umsetzung zu machen. Viele der Dinge, die einem langfristig helfen, das Leben gelassener zu leben, muss man erst einmal bewusst einüben und trainieren, deshalb meine konkreten Tipps.

Manche Menschen jedoch empfinden solche praktischen Vorschläge als bevormundend und einengend. Je nachdem, was für ein Lesetyp Sie sind, können Sie die Tipps und Entscheidungsfelder am Ende der einzelnen Abschnitte intensiv bearbeiten oder ignorieren und einfach im Text weiterlesen. Wie es Ihnen gefällt.

Der Text ist in 31 Abschnitte unterteilt. Das gibt Ihnen die Möglichkeit, das Buch entweder in einem Rutsch durchzulesen. Oder z. B. einen Monat lang jeweils täglich einen Abschnitt zu lesen und auf sich wirken zu lassen. Ganz so, wie es zu Ihnen passt.

Seit ich *Swing* im Jahr 2004 geschrieben habe, habe ich weiter mit dem *Swing*-Konzept »gespielt«. Ich strukturiere meine Woche immer noch weitgehend nach dem Rhythmus, den ich damals entdeckt und in diesem Buch beschrieben habe. Aber manchmal »spiele« ich auch mit den Elementen und gönne mir eine längere Zeit der Kreativität oder der Ruhe, um dann wieder in den normalen Rhythmus einzusteigen. Das können Sie auch tun. *Swing* soll kein Korsett sein, das Sie einengt, sondern Ihnen Anregungen geben, wie Sie in Ihrem Alltag das besser integrieren können, was Ihnen zum Leben hilft. Sie können auch gemeinsam mit Ihrem Partner, Freunden oder Kindern überlegen, wie Sie die sieben Lebenselemente in Ihr Leben einbauen können. Ihrer Fantasie-Gestaltungskraft sind dabei keine Grenzen gesetzt.

Und zu guter Letzt: Mein Leben als selbstständige Verlegerin ist wohl in vielen Aspekten anders als Ihr Leben als Angestellte(r), Eltern, Hausfrau oder -mann, Manager(in) oder Arbeitslose(r). Nicht alle meine Erfahrungen und Anregungen werden 1:1 in Ihrem Leben umsetzbar sein – aber die Prinzipien und Grundelemente für einen gesunden Lebensrhythmus sind universell. Sie gelten unabhängig von der Lebenssituation, in der man steht. Egal, wie Sie sich auf diese Reise begeben: Ich wünsche Ihnen viele wunderbare und bereichernde Entdeckungen und vor allem, dass Sie einen Rhythmus finden, der genau zu Ihnen passt.

Berlin, im Herbst 2007   Ihre Kerstin Hack

Raus aus dem Nichts

Nichts als eine Suppe
Voll schwarzer Nichtigkeit
Müde Augen sehen nur
Dunkelheit
Hervor bricht Glitzern
Schimmerndes Licht
Bricht explosiv
In die Welt hinein
Und reflektiert den Himmel
In schimmernden Farben
Leere Wasser spiegeln
Auf tausend Arten
Die Unendlichkeit
Wasser wird zum ersten Mal
Vom Licht berührt
Und bricht es in Regenbogenfarben
Und tausende von glitzernden Punkten
Die auf den Wellen tanzen
Licht
Aus den Vorratskammern der
Ewigkeit freigekommen
Drückt sich aus
In Glimmer und Tanz
Und bahnt den Weg
Für das kommende Leben

Tag 1
Explosive Kreativität

*Im Anfang schuf Gott die Himmel und die Erde. Und die Erde war wüst und leer, und Finsternis war über der Tiefe, und der Geist Gottes schwebte über den Wassern.
Und Gott sprach: Es werde Licht! Und es wurde Licht.
Und Gott sah das Licht, dass es gut war; und Gott schied das Licht von der Finsternis. Und Gott nannte das Licht Tag, und die Finsternis nannte er Nacht.
Und es wurde Abend, und es wurde Morgen: ein Tag.*
(GENESIS 1,1-5)

*Die Erde war ungeordnet und ohne Gestaltung.
Eine nichts sagende Suppe. Darüber schwebte Gottes Geist.
In dieses Nichts hinein sprach Gott das zündende Wort: »Licht.«
Und er benannte es.
Er nannte das Licht Tag und die Zeit ohne Licht Nacht.*[1]

Gott weiß im Moment der Schöpfung genau, was er schaffen will. In einer inneren Vision sieht er die Welt vor sich, als wäre sie schon da: bunt und voller Leben in seiner ganzen Vielfalt. In der Leere der ungeschaffenen Welt beginnt er mit dem ersten kraftvollen Schöpfungsakt. Er spricht das eine Wort »Licht« und plötzlich explodiert alles. Sicher sah der ganze Himmel voller Spannung zu, als zum ersten Mal

---

[1] Persönliche Übertragung der Kerngedanken aus dem Schöpfungsbericht. Keine Übersetzung.

Lichtstrahlen auf finsteres Wasser trafen und sich in tausend Farben brachen. Ein majestätisches Schauspiel, eine kreative Explosion.

Kreativität steckt in jedem Menschen und wird unruhig wie ein Löwe im Käfig, wenn man sie zu lange gefangen hält. Am ersten Tag der Woche gebe ich dem kreativen Teil in mir »Auslauf«. Ich tue Dinge, die einen »kreativen Aufbruch« (manchmal auch eine Explosion) erfordern: Ich schreibe neue Texte, entwickle Ideen für Projekte, kritzle Notizbücher mit neuen Ideen voll und gestalte alles, was Innovation und Inspiration erfordert.

Am ersten Tag der Woche ist der Kopf durch die Erholung des Ruhetages noch frisch und die Gedanken sind klar. Ein Pool von Ideen wartet nur darauf, dass man ihn anzapft und sein Potenzial nutzt. Zu Beginn der Woche fällt es leichter als sonst, Dinge zu schaffen und Neues ins Leben zu rufen. Der Kopf ist noch nicht so sehr mit Projekten, Problemen und Aktivitäten verstopft wie an den späteren Tagen. Die visionäre Kraft ruft danach, zum Leben zu kommen – und wenn man sich Zeit dafür nimmt, kann man vor dem inneren Auge Dinge sehen, als wären sie schon geschaffen. An diesem Tag beginnt das Unsichtbare, sichtbar zu werden. Es ist für mich der Tag explosiver Kreativität.

Kreative Kraft kann auch in meinen Gesprächen mit Gott und Menschen zum Ausdruck kommen. Immer wieder sehe ich mich mit Menschen und Situationen konfrontiert, die stecken geblieben sind und Erneuerung brauchen. Dieser Tag, an dem ich noch frisch und energiegeladen bin, ist der ideale Tag, um in solche Situationen ein schöpferisches Wort zu sprechen. Manchmal treffe ich mich an diesem Tag mit Freunden, deren Leben blockiert erscheint, die nie die Freiheit zugesprochen bekamen: »Du darfst du sein!« Ich liebe es, mit ihnen zu sprechen, für sie zu beten. Es fällt mir leicht, mir vorzustellen, was passiert, wenn das brachliegende Potenzial in ihrem Innersten zu neuem Leben erwacht.

Wenn ich mir das Bild der Schöpfung vor Augen male, wie Gott inmitten der Dunkelheit und öden Leere Leben spendendes Licht geschaffen hat, fällt es mir leicht, auch für die schwierigsten Situationen Perspektive zu entwickeln. Ich kann Lösungen förmlich vor meinen Augen sehen und sie in schillernden Farben und Worten auch anderen ausmalen. »Es werde Licht!«

Am Ende dieses ersten Wochentages ist erst einmal Ruhe angesagt. Gott drückt die »Pausetaste« und gönnt sich eine Unterbrechung, bevor er am Tag zwei zum nächsten Akt übergeht. Pausen sind wichtig. Nicht nur zum Erholen, sondern auch zum Umschalten auf ein anderes Thema oder einen anderen Schwerpunkt. Pausen befähigen uns, mit offenem Herzen und klarem Kopf auf die nächste Aufgabe oder Begegnung zuzugehen.

Genau das tat der Schöpfer. Er hetzte nicht durchs Schöpfungsprogramm, um Zeit zu sparen. Schon der Gedanke an »Zeit sparen« ist bei einem Gott, von dem es heißt, dass er ewig Zeit hat, eigentlich ein Witz. Er hetzt nicht, hastet nicht, sondern teilt sich in göttlicher Weisheit die Aufgaben in überschaubare Einheiten ein.

Jeder Tag hat seine eigene Aufgabe – oder seine eigene Plage, wie wir manchmal sagen. Und am Ende eines jeden Tages, jeden Abend drückt er die »Pausetaste« und blickt zurück: »Was ich gemacht habe, war gut.« Und dann tritt Ruhe ein. Was vorbei ist, darf auch vorbei sein.

Kreativität entdecken

Heute ist der erste Tag vom Rest deines Lebens.
(Coretta King)

In meinen Teenagerjahren war ich brav. Vielleicht sehen das meine Eltern anders, aber in meinen Augen war ich schlicht und ergreifend zu brav. Ich glaubte schon früh, sehr genau zu wissen, was im Leben wirklich zählt und klassifizierte deshalb viele Dinge als »unwichtig« ab. Ich kann mich an 1001 Situationen erinnern, in denen ich Lust darauf hatte, etwas Neues auszuprobieren, aber es mir dann selbst verbot: »Das ist doch nicht so wichtig.« Bei Dingen, die ich im Laden sah und die mir gefielen, sagte ich schnell: »Ich brauche das nicht unbedingt!« Bei Aktivitäten (vor allem im sportlichen und künstlerischen Bereich) hatte ich schlicht und ergreifend Angst, mich zu blamieren, oder ging zu Recht davon aus, nicht so begabt zu sein wie die anderen.

So blieben ein Paar Rollschuhe, obwohl sie nur zehn Mark kosteten, ebenso ungekauft wie viele Schallplatten. Dutzende von Konzerten fanden ohne mich statt, ein Tanzkurs wurde nie besucht, geschminkt habe ich mich erstmals mit 19. Zu Partys ging ich ungern, weil ich Flaschendrehen blöde fand. Und viele Sportarten habe ich nie ausprobiert – mit Ausnahme von Synchronschwimmen (nahezu unbegabt), Ski fahren (begabt) und Tischtennis (disqualifiziert, weil ich meiner Mutter beim ersten Versuch ins Auge schoss).

Habe ich etwas verpasst? Ja! Ob es ein großer Verlust war, als Teenager nicht auf einem Peter Maffay-Konzert gewesen zu sein, weiß ich nicht. Aber ich empfinde es als Verlust, viele Dinge nie ausprobiert zu haben. So weiß ich bis heute nicht, ob mir diese oder jene Sache Spaß gemacht hätte. Ich weiß nicht, ob ich die Musik bestimmter Songwriter gerne hören würde, weil ich sie gar nicht kenne. Ich habe auf Grund meiner Zurückhaltung in meinen Teenagerjahren viele interessante Dinge verpasst und kann diese Erlebnisse, Konzerte und Events jetzt nicht mehr nachholen.

Aber vor allem habe ich es in diesen Jahren versäumt, mich selber besser kennen zu lernen und meine Grenzen zu entdecken. Ich habe in vielen Bereichen meines Lebens nicht entdeckt, was ich mag und was nicht. Vor lauter Vernunft habe ich das Vernünftigste verpasst, was man als Teenager tun kann: zu einer eigenen Persönlichkeit heranzureifen – und dabei ist das Ausprobieren ein wichtiges Element.

Jetzt hole ich an vielen Stellen meine Teenagerjahre nach. Ich probiere mehr als je zuvor in meinem Leben neue Dinge aus und versuche, meine Grenzen zu finden. Das ist vielleicht ein bisschen spät, aber immer noch besser spät als nie. Heute zum Beispiel habe ich mir ein Einrad bestellt. Das habe ich gemacht, weil ich noch einen Gutschein eines Ladens hatte, in dem es Einräder zu kaufen gab. Aber vor allem, weil ich es einfach ausprobieren wollte. Vielleicht macht es mir keinen Spaß. Dann verkaufe ich es wieder. Möglicherweise falle ich dauernd runter. Dann haben die Kinder am Spielplatz wenigstens etwas zu lachen, bevor ich es ebenfalls wieder verkaufe. Aber vielleicht macht es mir ja tatsächlich viel Freude. Dann behalte ich es und genieße eine neue Art der Fortbewegung.

Viele Menschen haben – anders als ich – in ihren Teenagerjahren alles ausprobiert, was der Markt an Erfahrungen zu bieten hatte, aber

sie blieben in späteren Jahren irgendwann einmal stecken und hängen nun innerlich oder äußerlich fest: in einer Beziehung, die nichts Neues mehr zu bieten hat, oder in einem Beruf, in dem keine Weiterentwicklung möglich ist. Es kann sein, dass sie ihr Elternsein nur noch als lästige Pflicht empfinden, nicht mehr als faszinierende Herausforderung, oder dass sich das mit Leidenschaft begonnene Studium zäh und eintönig Semester für Semester in die Länge zieht. Ihr Leben schleppt sich von Tag zu Tag um 24 Stunden weiter, ohne erkennbaren Sinn und ohne rechte Freude.

Es kann sein, dass sie einfach träge geworden sind. Für ein glückliches, ausgewogenes Leben, braucht man dieses explosive Ausprobieren von neuen Dingen, so wie Gott Licht inmitten der Dunkelheit erschuf. Explosives Licht. Es muss eine rauschhafte Erfahrung gewesen sein, plötzlich Licht in unendlich vielen Farben sich glitzernd auf dem Wasser brechend... regenbogenirisierend, strahlend, hell... zu sehen.

So wie Gott sehnen wir Menschen uns nach Erfahrungen des Neuen, des noch nie da Gewesenen, des Unbekannten, des Entdeckens. Wenn wir uns selber diese Erfahrung nicht oder zu selten gönnen, verkümmert unser kreatives Potenzial. Wir fangen an, uns in unserem eigenen Leben zu langweilen. Wir denken, wir sind treu, weil wir bei einer Sache bleiben, aber im Grunde sind wir nur träge. Echte Treue zeichnet sich dadurch aus, dass man immer weiter geht, nicht aufhört, sich auf die Entdeckungsreise zu machen. Das kann in einer Partnerschaft bedeuten, kreative Wege zu finden, den anderen neu zu erleben. Das kann im Job bedeuten, sich weiterzubilden und mehr aus dem zu machen, was man hat. Das kann privat bedeuten, die Talente, die man hat, zu entfalten. Und vielleicht wird daraus sogar eines Tages ein neuer Beruf.

Ich weiß nicht, wie Gott sich gefühlt hat, bevor er die Sache mit dem Licht ausprobierte – war er vielleicht sehr aufgeregt oder gar ängstlich? Ich weiß es nicht, vermute jedoch, dass Gott nicht ängstlich ist. Aber ich weiß, dass die meisten Menschen viel Angst vor neuen Situationen haben. Es muss nicht so extrem sein, wie bei einem Freund, der zu einem Haus ging, in dem sich eine Frau aufhielt, die er gerne besser kennen lernen wollte. Er ging nicht nur einmal hin, sondern zwanzigmal. Und dann ging er wieder weg. Er hatte so viel Angst vor dem Neuen, dass er es nicht wagte, das Haus zu betreten – und schließlich ging er endgültig weg, ohne je erfahren zu haben, ob die Frau nun wirklich so nett war, wie er dachte, oder nicht.

Fast jeder kennt den Cocktail aus Neugier, Angst und Unsicherheit, der sich im Inneren zusammenbraut, wenn man sich auf etwas Neues einlassen möchte. Gelingt das Neue, wird man vom Leben belohnt: mit einem Sturm der Begeisterung oder zumindest einem Gefühl der Zufriedenheit und des Stolzes darauf, dass man den inneren Schweinehund überwunden und etwas Neues gewagt hat. Ja, das Leben ist schön!

Fragen zum Weiterdenken

Welche Dinge wollte ich schon immer einmal ausprobieren, habe es aber aus Angst, Trägheit oder sonstigen Gründen nie getan?

....
....
....

Was möchte ich als nächstes ausprobieren?

....
....
....

Wer könnte mir bei der Umsetzung meiner Pläne und Ideen helfen und/oder mich dabei begleiten?

....
....
....

Kreativität entfalten

Der Beruf eines Schriftstellers ist zu 30% Inspiration und zu 70% Transpiration.
(Thomas Alva Edison)

Meine Freundin Dorothea jongliert gerne, meistens mit bis zu vier Bällen gleichzeitig. Bei ihr bleiben die Bälle in der Luft, tänzeln wie schwerelos von einer Hand in die andere, wie Mücken auf einem Sommerteich. Wenn ich es versuche, hält sie die Luft an und wird leicht nervös. Sie sieht schon umfallende Lampen, einstürzende Bücherstapel und von der Wand geschossene Bilder vor sich. Der Unterschied zwischen mir und ihr liegt nicht darin, dass sie erwiesenermaßen begabter wäre als ich, sondern schlicht und ergreifend darin, dass sie jahrelang geübt hat: Ball rauf, Ball runter. Sich immer wieder bückte und Bälle aufhob und es wieder und wieder versuchte, bis sie den Dreh raus hatte. Meine Jongliererfahrung hingegen beschränkt sich auf die drei oder vier Male, wo ich versucht habe, wenigstens zwei Bälle elegant in die Luft und nicht gegen ihre Möbel und CDs zu werfen.

Es gibt Talente und Fähigkeiten, die einfach so »vom Himmel fallen«, und es gibt einige wenige Naturtalente, die mühelos Dinge erfassen und umsetzen können. Die meisten Menschen hingegen müssen hart arbeiten, um ihre Begabung zur Entfaltung zu bringen. Häufig kann man Kreativität erst dann voll ausdrücken, wenn man sich bestimmte Techniken angeeignet hat.

Malen zum Beispiel kann jeder irgendwie ein bisschen. Aber es besteht in der Regel ein großer Unterschied zwischen solchen »Gelegenheitskünstlern« und Menschen, die ihre Fähigkeiten geschult haben. Die echten Künstler haben häufig unendlich viele schlechte Bilder gemalt und Skulpturen geschaffen, bevor sie richtig mit Farbe und Pinsel oder Hammer und Meißel umgehen konnten und mussten eine Menge Kritik einstecken. So wurden zum Beispiel Walt Disneys Bewerbungen für einen Job als Zeichner von mehreren Zeitungen abgelehnt, die ihn für unbegabt hielten. Nun ja, wie die Geschichte weiterging, wissen wir. Ich frage mich manchmal, wie viel Kunstgeschichte nie geschrieben wurde, weil Menschen zu früh aufgaben, den Weg, ihre Talente und Fähigkeiten auszubauen, nicht bis zum Ende gingen.

Oft weiß man nach einer Zeit der Übung, ob man wirklich Talent für eine bestimmte Sache hat. Mir gefällt der Ansatz eines Elternpaares, das bei der musikalischen Erziehung ihrer neun (!) Kinder folgendermaßen vorging. Sie erwarteten von den Kindern nicht, sich schon in einem frühen Alter für immer für ein bestimmtes Instrument zu entscheiden. Aber sie wollten, dass die Kinder mit der Entdeckungsreise ins Land der Musik beginnen würden. Sie erlaubten den Kindern, ein Instrument ihrer Wahl zu lernen. Die Kinder mussten sich aber verpflichten, dieses eine Instrument mindestens zehn Wochen lang zu üben. In diesem Zeitraum war meist schon festzustellen, ob das Kind und das Instrument miteinander harmonierten oder nicht. Der Rest der Familie konnte das sicher auch hören! Nach Ablauf der zehn Wochen konnten sie sich entscheiden, ob sie das Instrument weiter spielen wollten oder ob sie lieber ein neues Instrument ausprobierten. Manche Kinder fanden »ihr« Instrument sofort, während andere erst einmal verschiedene Instrumente probierten, bis sie dem, was zu ihnen passte, immer näher kamen und am Ende auch dabei blieben.

Sicher erfordert so ein Vorgehen ein gewisses Maß an Flexibilität bei Eltern und Musikschulen. Die Familie muss bereit sein, die Anfangsübungen verschiedener Instrumente zu ertragen. Aber es lohnt sich. Wenn man den Ausdruck der Kreativität gefunden hat, der zu einem passt, muss man zwar immer noch weiter üben, aber Dinge, die einem entsprechen, lernt man leichter als Sachen, die einem völlig gegen den Strich gehen.

In meinen Teenagerjahren lernte ich Synchronschwimmen. So sehr mich diese eleganten, majestätischen Wassernixen faszinierten, die ich im Fernsehen bewundern konnte, so wenig eignete ich mich für diese Rolle. Ich bin ein sehr dynamischer Mensch, der sich energiegeladen bewegt, schnell spricht, quirlig denkt und aktiv handelt: Die langsamen, zeitlupenartigen Bewegungen, die bei dieser Sportart gefordert waren, passten einfach nicht zu mir. Ich hätte besser Wettkampfschwimmerin werden sollen, weil ich schnell und wendig war. Aber da ich nun mal in dem Synchronschwimmkurs angemeldet war, blieb es dabei. Das war weder für mich noch für die Menschheit ein Gewinn.

Jetzt achte ich mehr darauf, dass ich kreative Ausdrucksformen suche, die zu mir passen. Ich bin ein kommunikativer Mensch. Abgesehen vom Schreiben, für das ich Ruhe brauche, blühe ich in der Regel dann auf, wenn ich etwas mit anderen zusammen unternehmen kann. Am Anfang eines Jahres überlege ich, welche Fertigkeiten ich mir aneignen will, um mich in Zukunft auf neue Art und Weise kreativ ausdrücken zu können. Für dieses Jahr stehen folgende Dinge noch auf meiner Liste dessen, was ich mir an neuen Fähigkeiten aneignen will:

- Ein Crash-Kurs, um zu lernen, beim Autofahren in schwierigen Situationen schnell und richtig zu reagieren (es wäre noch schlauer gewesen, diesen Kurs zu machen, bevor ich durch einen dummen Auffahrunfall meine Versicherungsprämie nach oben geschraubt habe).
- Ein Kochkurs oder gleich ein paar, um etwas Neues zu lernen und mich und meine Freunde mit raffinierten Gerichten überraschen zu können.
- Ein Schreibkurs, um meine Fähigkeiten in diesem Bereich weiter auszubauen (es tut mir leid, dass ich Ihnen dieses Buch zumute, bevor ich den Kurs gemacht habe. Freuen Sie sich einfach auf das nächste.)

Ich freue mich auf alle Kurse, weil ich einerseits Neues lernen und andererseits neuen Menschen begegnen will. Beides ist bereichernd und fördert die kreativen Begabungen in mir. Besonders auf den Kochkurs freue ich mich. »Vor den Erfolg haben die Götter den Schweiß gesetzt«, heißt es in einem alten Sprichwort. Aber es sagt ja niemand, dass man nicht auch genussvoll Schwitzen darf.

Fragen zum Weiterdenken

Welche Art von Kreativität liegt mir?

....
....
....

Welche Dinge wollte ich schon immer einmal lernen?

....
....
....

Welche davon will ich in den nächsten Wochen/Monaten konkret angehen? Was sind die nächsten Schritte?

....
....
....

Mein Entschluss

Ich will in meinem Leben Kreativität einüben, indem ich...

....
....
....

Danke sagen

*Dankbare Menschen sind wie fruchtbare Felder,
sie geben das Empfangene zehnfach zurück.*
(August von Kotzebue)

»Lächle und sag einfach danke«, hat mal eine Freundin zu mir gesagt, als ich auf ein unerwartetes Geschenk mit der Höflichkeitsfloskel »Ich weiß gar nicht, was ich nun sagen soll!« reagiert habe. Lächeln und »danke« sagen ist etwas, was uns im Alltag häufig nicht so leicht gelingt. Kürzlich hat eine Werbeanzeige das witzig thematisiert. Man sah eine leere Packung Papiertaschentücher der Marke XY, für die

geworben wurde. Darunter stand der Satz: »Danke, Deutschland. Nirgendwo sonst wurde so viel geheult und gejammert.« Für die Fabrikanten von Taschentüchern mag die Jammermentalität Umsatz fördernd sein, für alle anderen ist der ständige Blick aufs Negative alles andere als Gewinn bringend. Durch den starren Blick aufs halbleere Glas verdirbt man sich und anderen die Laune, lähmt die Lebensenergie und verschwendet kostbare Lebenszeit. Das beste Gegenmittel gegen diese Lebenshemmung ist die Dankbarkeit.

Die Zeitschrift »Psychologie heute« hat im Jahr 2003 eine ganze Ausgabe dem Thema Dankbarkeit gewidmet. Psychologen hatten festgestellt, dass sich Dankbarkeit stärkend und stabilisierend auf den ganzen Körper auswirkt. Dankbare Menschen sind weniger gestresst, weniger depressiv und erreichen mehr Lebensziele als undankbare Menschen.

»Menschen, die Dankbarkeit nicht gelernt haben, konzentrieren sich meist auf das, was sie nicht haben, was ihnen nicht gelingt, was ein anderer Mensch hat – und erschweren sich damit zusätzlich ihr Leben«, heißt es da, und: »Der undankbare, neidische Mensch lähmt sich selbst.«[2]

Gott wusste das schon lange. Schon zu Beginn der Schöpfung baut er Dankbarkeit bewusst in seinen Tagesrhythmus ein. Am Ende des Tages schaut er zurück und betrachtet alles, was er gemacht hat.
Und weil noch niemand anderes ihm ein Kompliment machen und ihm Danke sagen konnte für die wunderbare Welt, die er erschuf, tat er es selbst: »Und er sah alles, was er gemacht hat – und siehe, es war gut!«

Ein positiver, anerkennender und dankbarer Rückblick auf das Geleistete ist eines der besten Mittel gegen die Hektik unserer Zeit. Wir sehen oft nur auf das, was noch nicht erledigt ist, noch wie ein Berg vor uns steht. »Wenn erst mal das Projekt abgeschlossen ist!« »Wenn erst mal die Kinder groß sind.« Vor lauter Fixiert-Sein auf die Zukunft nehmen wir nicht wahr, was wir gerade an diesem Tag bewältigt, geschafft und geleistet haben. Und wir vergessen, dem Menschen Dankbarkeit und Anerkennung zu zeigen, der sie am meisten braucht: Uns selbst.

Es fällt uns schwer, dankbar für das zu sein, was wir haben oder erreicht haben, weil wir es oft nicht wahrnehmen. Dankbarkeit kann

---

[2] Ursula Nuber: Dankbarkeit. Der Schlüssel zur Zufriedenheit, Psychologie heute, 2003, Heft 11, Seite 22/23

man bewusst einüben. Gott nahm sich offensichtlich am Ende des Tages bewusst Zeit für einen dankbaren Rückblick. Er nahm wahr, was er getan hatte.

Um den dankbaren Rückblick nicht zu vergessen, habe ich mir einige Erinnerungshilfen in meinen Alltag eingebaut. An Arbeitstagen habe ich in der Regel eine »Action-List« vor mir liegen, auf der alles steht, was ich an diesem Tag erledigen möchte. Früher habe ich die Dinge, die ich erledigt habe, immer durchgestrichen. Am Abend konnte ich dann zwar auf ein weitgehend durchgestrichenes Blatt schauen, aber ich hatte keinen Überblick mehr darüber, was ich denn nun eigentlich geschafft hatte. Jetzt mache ich das anders: Alle Dinge, die ich erledigt habe, markiere ich mit grünem Textmarker. Grün ist für mich Symbol für Leben, und die grünen Flächen bringen für mich zum Ausdruck: Hier habe ich etwas zum Wachsen gebracht. Etwas, was vorher noch nicht da war, ist jetzt vorhanden. Ich habe nicht nur etwas geschafft, sondern etwas gestaltet und geformt. Das ist ein gutes Gefühl.

Wenn ich Bücher schreibe, mache ich das ähnlich. Ich habe ein kariertes Blatt Papier auf meinem Schreibtisch liegen, in das ich Fortschritte eintrage: Für jede fertig geschriebene Seite wird ein weiteres Karo ausgemalt. So kann ich jeden Tag sehen, wie das Projekt wächst. Das ist ein wunderschönes Gefühl.

Außerdem liegt auf meinem Couchtisch, an dem ich am Ende des Tages gerne sitze, ein kleines »Danke«-Buch. Am Abend, wenn ich den vergangenen Tag nochmals vor meinem inneren Auge Revue passieren lasse, schreibe ich mir meine Erfolge (die Dinge, für die ich mich selbst loben kann) und andere Gründe für Dankbarkeit auf. Ich gebe zu: An manchen Abenden bleibt das Buch ungeöffnet auf dem Wohnzimmertisch liegen. Aber an den Abenden, an denen ich es aufschlage und darüber nachdenke, was und wer mein Leben an diesem Tag bereichert hat, gehe ich mit einem ganz anderen Gefühl schlafen.

Es tut gut, nicht nur auf die eigene Tagesleistung zu blicken, sondern auch den Blick dafür offen zu halten, was man vom Leben geschenkt bekam. Vieles von dem, was wir für normal halten, ist für die meisten Menschen auf der Erde keineswegs selbstverständlich: das Wasser, das aus dem Wasserhahn fließt, der volle Kühlschrank, etc.

Und darüber hinaus gibt es die Menschen, die unser Leben durch ihre Anwesenheit bereichern. Häufig sind es die kleinen Dinge, mit

denen sie uns große Freude machen. Ich habe keine große Liebe fürs Detail. Dinge wie Steuerprüfungen versetzen mich immer in Panik, weil ich Angst davor habe, unwissentlich etwas in die falsche Spalte zu schreiben. Ich befürchte, dass irgend ein kleiner Fehler einen Rattenschwanz an zusätzlicher Verwaltungsarbeit nach sich zieht. Ich hasse es, Formularberge korrekt ausfüllen zu müssen.

Vor kurzem musste ich alle Personalunterlagen meines Verlages zur Prüfung einreichen. Obwohl es sich um einen Routinevorgang handelte, hat die Angst, womöglich irgend etwas falsch gemacht zu haben, bei mir so viel Panik ausgelöst, dass ich sogar im Urlaub mit Alpträumen aufwachte. Dann rief mich die Mitarbeiterin der Prüfungsstelle an und teilte mir mit, dass ich zwar ein kleines Detail vergessen hätte. Da es sich aber nur um einen Betrag im Centbereich (0,0002% des Gesamtbetrags) handeln würde, werde sie »ohne Beanstandungen« auf den Prüfbericht schreiben. Ich war so glücklich darüber, dass ein Mensch großzügig über eine winzige Ungenauigkeit hinweg sah und mich nicht zwang, alles noch einmal zu machen, dass ich nach dem Gespräch laut gejubelt habe. Hier hat mich ein Mensch wirklich beschenkt.

»Kleinigkeiten machen die Summe des Lebens aus«, hat Charles Dickens einmal gesagt. Wenn man es bewusst lernt und trainiert, dankbar zu sein, wird man das Leben als Ganzes umfassender genießen können. Dankbarkeit kann man konkret trainieren. Mir hilft es, ganz konkrete Fragen zu stellen. In meinem »Danke«-Buch habe ich sie aufgeschrieben:

- Was besitze ich, was ich heute noch nicht hatte?
  Diese Frage bringt mich zum Nachdenken über die Dinge, die mir das Leben an diesem Tag geschenkt hat: der Sonnenschein im Gesicht, der mir neue Energie gegeben hat. Die neuen Socken in meinem Wäscheschrank, aber auch die Dinge, die ich erreicht und geschaffen habe.
- Welche Menschen haben den Tag heute angenehmer gemacht?
  Die meisten wirklich wertvollen Geschenke erhalten wir von Menschen. Vor zwei Tagen habe ich an die Menschen gedacht, die mein Leben bereichern, ihnen eine kurze SMS geschrieben und das zum Ausdruck gebracht. Es hat einfach gut getan, ihnen »Danke« dafür zu sagen, dass sie meine Freunde sind und mein

Leben bereichern. Zwei schrieben mir zurück... Eine schrieb, dass sie an diesem Tag intensiv an mich gedacht habe. Und ein anderer, dass ihn die SMS gerade in einem Moment erreicht habe, wo er diesen emotionalen Vitaminstoß dringend brauchte. Es ist so leicht, »Danke« zu sagen, wenn man erst einmal wahrnimmt, wie beschenkt man ist.

- Wie habe ich heute anderen den Tag schöner gemacht?
Ja, ich weiß. Man soll sich nicht selber loben. Aber einen Blick auf das zu werfen, was man getan, geleistet und anderen geschenkt hat, tut gut. Nicht um ewig darauf herumzukauen wie auf einem alten Kaugummi, sondern um sich bewusst zu machen: Durch ein schlichtes »Danke« trage ich etwas zur Verbesserung der Lebensqualität anderer Menschen bei. Auch das ist ein gutes Gefühl.

Tipps

- Machen Sie sich Merkhilfen, die Sie daran erinnern, dankbar zu sein.
- Gewöhnen Sie sich eine Routine der Dankbarkeit an. Dabei kann helfen, sich konkrete Fragen zu stellen und sie gegebenenfalls auch aufzuschreiben.
- »Danke« sagen oder schreiben kann man trainieren. Machen Sie eine Liste mit den Namen der Menschen, denen Sie schon immer einmal danken wollten. Und dann kommunizieren Sie mit ihnen: Eine Karte, eine Mail, ein Anruf, eine Umarmung: »Schön, dass es dich gibt!«

Mein Entschluss

Ich will eine Routine der Dankbarkeit in mein Leben integrieren, indem ich...

....
....
....

Wasserbrücken

Am zweiten Schöpfungstag
Trennt sich das Wasser
Wasser über uns
Wasser unter uns
Wasser trennen
Die staubige Erde
Vom Himmel
Doch
Wassertropfen fallen auf sie zurück
Vorhänge aus Wasser
Überbrücken die Kluft
Tau aus frühlingswarmen Wiesen
Steigt auf
Gottes Spucke
Trifft auf menschliche Augen
Und der Mensch
Kann sehen

Tag 2
Dynamische Ordnung

Und Gott sprach: Es werde eine Wölbung mitten in den Wassern, und es sei eine Scheidung zwischen den Wassern und den Wassern! Und Gott machte die Wölbung und schied die Wasser, die unterhalb der Wölbung von den Wassern, die oberhalb der Wölbung waren. Und es geschah so. Und Gott nannte die Wölbung Himmel. Und es wurde Abend, und es wurde Morgen: ein zweiter Tag.
(Genesis 1,6–8)

Gott sprach: »Ordnung.«

Das Wasser und der Himmel sollen sich voneinander trennen. Wasser oben am Himmel – und Wasser unter dem Himmel. Für alles den richtigen Platz.

Ich bin »typisch deutsch« und liebe Tag zwei. Ich brauche Ordnung. Schon deshalb, weil mein Leben der beste Beweis gegen die Evolutionstheorie zu sein scheint. Bei mir verwandelt sich nämlich nie etwas von Chaos in Ordnung. Es ist immer umgekehrt: Dort, wo gerade noch Ordnung war, entsteht wie aus dem Nichts heraus plötzlich Chaos. Der eben noch leere und aufgeräumte Schreibtisch ist auf mir unerklärliche Weise plötzlich voll mit Zetteln und Kaffeetassen. Das Chaos entsteht immer wie von selbst, aber Ordnung muss man aktiv schaffen.

Gott macht es von Anfang an richtig. Er sortiert das Wesentliche für das Leben, das Wasser, an den richtigen Ort. Den einen Teil des Wassers oben, den anderen unten auf der Erde. Er schafft eine gute Ordnung, die aber nicht in Starrheit erstickt, sondern Begegnung der Elemente zulässt. Alles hat – zumindest für eine Zeit – seinen geordneten Platz.

Vor kurzem erklärte ich der zehnjährigen Elizabeth, wie Wolken und Flüsse entstehen. Sie fand das ziemlich spannend. Es begeisterte uns beide, dass das Wasser von der Erde aufsteigen, »Hallo« zu den Wolken sagen und mit ihnen reisen kann, bevor es wieder auf die Erde zurückkehrt, um den Pflanzen die nötige Feuchtigkeit zu geben.

Wir fanden es nett von Gott, dem Schöpfer, dass er es so eingerichtet hat, dass Wassertropfen nicht für immer an einem Ort eingesperrt sind, sondern dass sie die Möglichkeit haben, verreisen zu können. Es macht Spaß, sich vorzustellen, dass die Wassertropfen gelegentlich ihre Erfahrungen austauschen und sich erzählen, wie es ist, ein Tautropfen im Morgenlicht zu sein oder heißer Dampf, der von einem köstlichen Essen aufsteigt. Vielleicht erzählen sie sich, wie es ist, Schnee zu sein, der von Snowboardfahrern in alle Richtungen gestoben wird – oder ein Eiskristall, das zarte Muster an eine Fensterscheibe zaubern kann. Oder wie es sich anfühlt, als erfrischendes Wasser durch einen durstigen Menschen zu fließen. Oder auch, wie unangenehm es sein muss, jahrhundertelang in einem Gletscher festgefroren zu sein.

Das Eiskristall, das endlich der festgefrorenen Enge entflohen ist, hat wahrscheinlich ebenso erleichtert aufgeatmet, wie ich es getan hätte, wenn ich zu lange in einer Situation festgesteckt habe. Ich hasse preußisch-kontrollierende Ordnung, die alles für immer an einen Platz zwingt und Menschen oder Dinge für immer in eine Schublade packt. Ich kann Regeln nicht leiden, die nicht auch eine Ausnahme zulassen.

Die Ordnung der Schöpfung ist anders. Sie gibt Schutz und Frieden: einen sicheren Platz für eine Zeit. Aber sie gibt auch Freiheit und die Möglichkeit der Weiterbewegung, wenn die Zeit für Neues gekommen ist.

Tag zwei ist der Tag, an dem ich aktiv Ordnung schaffe. Ich nehme mir Zeit, zu überlegen, wie ich Dinge strukturieren und planen kann. Das betrifft vor allem meine aktuellen Buchprojekte. Meistens arbeiten in unserem Verlag mehrere Personen gleichzeitig an den verschiedenen Buchprojekten. Die einen Bücher werden übersetzt, andere befinden

sich in der Überarbeitungs- oder Korrekturphase und wieder andere sind beim Grafiker.

Weil man bei so viel parallel laufenden Aktivitäten schnell den Überblick verliert, versuche ich am zweiten Tag der Woche immer, Ordnung in die laufenden Projekte zu bringen. Ich frage bei den Mitarbeitern, von denen die meisten irgendwo in der Ferne an ihren PCs sitzen, nach, wie es ihnen mit ihrer Arbeit an den verschiedenen Projekten geht. Ich nehme mir Zeit, den Finanzbedarf zu planen, die Zeit für die einzelnen Projekte abzuschätzen und schreibe oder ändere Pläne und Konzepte. Ich überlege mir, in welchen Bereichen ich noch Unterstützung brauche und denke betend darüber nach, wie ich die verschiedenen Aufgaben gut gestalten kann, was gut läuft und was sich verändern muss.

Manchmal räume ich an diesem Tag auch auf, weil sich so schnell Überflüssiges ansammelt und weil ich nicht wie Gott das Vorrecht habe, nur eine Sache, das Wasser, ordnen zu müssen, sondern viele Dinge meine Aufmerksamkeit fordern und mir die Ordnung meines Lebens erschweren. Alles, was man seit Monaten nicht benutzt hat, kann man eigentlich auch wegwerfen. Das befreit und entlastet. Man kann sich wieder besser auf das Wesentliche konzentrieren und den Freiraum genießen, den die neue Ordnung einem schenkt – bis das Chaos wieder wie aus dem Nichts heraus auftaucht.

Geordnete Zeit

Es gibt keine Zeitprobleme, sondern nur Prioritätenprobleme.
(LOTHAR SEIWERT)

All die guten Vorsätze helfen nichts, wenn einem die Zeit fehlt, höre ich viele Leute klagen. Dabei ist Zeit das einzige Gut, was auf dieser Welt gerecht verteilt ist. Wir Menschen haben unterschiedlichen Zugang zu Ressourcen wie Wasser, Bildung, Geld, Wohnraum – aber wir alle haben gleich viel Zeit: 24 Stunden pro Tag.

Und mit dieser Zeit haben wir die Verantwortung, sie sinnvoll zu gestalten. Häufig ist es aber so, dass nicht wir unsere Zeit selbst bestimmen, sondern zulassen, dass andere über sie und damit über uns und unser Leben bestimmen. Es gibt hervorragende Zeitplan-Bücher, die Techniken der Planung und Zeitgestaltung vermitteln.[3] Deshalb werde ich hier nur auf die Frage eingehen, wie wir verhindern können, dass unser Leben und unsere Zeit von anderen bestimmt werden, denn nur wenn wir unser Leben selbst bestimmen, können wir im Rhythmus der Schöpfung leben – dem Rhythmus, den Gott in uns hineingelegt hat.

Der Autor Stephen Covey vergleicht gute Zeitplanung mit der Aufgabe, in ein Glas sowohl Sand als auch kleine und einige ganz große Kiesel zu füllen. Der Sand steht für den »Kleinkram«, die groben Kiesel für wichtige Aufgaben und die großen Kieselsteine für die zentralen Aspekte des Lebens. Wenn man das Glas zuerst mit dem »Sand« der unwichtigen Aktivitäten füllt, dann werden die Sachen, die einem wirklich wichtig sind (zum Beispiel Zeit für die Familie, Gebet, Bildung, Körperpflege etc.), keinen Raum mehr finden. Deshalb ist es wichtig, zuerst die wirklich wichtigen Dinge im Leben einzuplanen, bevor man den restlichen Raum für Unwichtigeres freigibt.

Aber dazu muss man erst einmal wissen: Was ist mir im Leben wichtig? Was will ich konkret? Wenn ich nicht weiß, was ich will, habe ich die 100%ige Garantie, dass schon ein Dutzend Anwärter herumstehen, die nur darauf warten, mich für ihre Ziele und Zwecke einzuspannen. Das muss gar nicht böse gemeint sein. Menschen sehen, dass man bestimmte Gaben und Talente hat, und denken: »Es wäre doch gut, wenn er oder sie bei uns mitmachen würde.« Wenn man dann noch zu der Sorte Mensch gehört, die nicht »Nein« sagen kann oder es allen recht machen will, hat man schon verloren: Man ist plötzlich in 1000 Gruppen engagiert, macht Kartoffelsalat für Sportfeste, hütet Kinder und sammelt Spenden ein und wird dabei immer unzufriedener, weil man bei aller Betriebsamkeit merkt, dass das eigene Leben zu kurz kommt.

Ich kenne das gut. Als ein Mensch, der in vielen Bereichen Begabungen hat und vieles gut, aber nichts herausragend gut kann, erlebe

---

[3] Einer meiner Favoriten ist: L. Seiwert: Wenn du es eilig hast, dann gehe langsam.

ich es immer wieder, dass Menschen mich für ihre Projekte gewinnen wollen: Als Referentin, Autorin, Beraterin und so weiter. All diese Dinge tue ich gerne, aber wenn ich nicht aufpasse, wird mein Leben schnell von anderen zu 150% verplant.

Mir hilft dagegen nur, mich regelmäßig und konsequent selbst zu fragen und zu entscheiden: Was will ich? Konkret heißt das, dass ich in regelmäßigen Abständen plane, wie ich meine Zeit einsetzen will. In meinem Leben gibt es verschiedene Aktivitätsschwerpunkte: Verlagsarbeit, Vortragstätigkeit, Schreiben für andere (zum Beispiel Zeitschriften), Schreiben an eigenen Büchern, Beratungstätigkeit, Sonstiges. Und dann noch der ebenso schöne Rest: Freizeit, Urlaub, Erholung.

Gemeinsam mit einer Freundin habe ich überlegt, wie viele Tage pro Monat ich für die einzelnen Bereiche verwenden sollte. Unsere Einschätzung dessen, was derzeit für mein Leben gut und richtig wäre, war nahezu deckungsgleich. Regelmäßig überprüfe ich, ob ich mich an diese Aufteilung halte oder sich manche Dinge zu Gunsten anderer zu sehr in den Vordergrund schieben.

Mir hilft diese Liste auch beim »Nein«-Sagen. Ich habe zwei Tage pro Monat für Beratung anderer eingeplant. Wenn ich in einem Monat zum Beispiel schon zwei Tage damit verbracht habe, Organisationen zu beraten, ist es leichter, einer dritten Organisation eine Absage zu erteilen: »Tut mir leid. Mein Zeitbudget für diesen Posten ist bereits erschöpft!« Natürlich gibt es auch hier, wie bei jeder Regel, Ausnahmen. Wenn sich ein wichtiges Planungs- und Beratungstreffen über drei Tage erstreckt, sage ich nicht nach Tag zwei: »Ich muss jetzt gehen!«, sondern gleiche das in einem anderen Monat wieder aus. Aber diese Checkliste hilft mir, mein Leben in der Balance zu halten, die ich jetzt für richtig halte.

Es kann sein, dass Ihr natürlicher Rhythmus sich eher auf einer Wochenebene bewegt. Was wollen Sie neben den feststehenden Verpflichtungen (Arbeit, Kinder, feste Termine etc.) noch in ihrem Leben haben – und was nicht?

Wenn man weiß, was man will, kann man nicht nur leichter »Nein« sagen, sondern auch seine Ziele und Wünsche zielstrebiger verfolgen. In meiner Wochenliste stehen auch Dinge wie Sport, Beziehungen, Kultur, Lesen und so weiter. Sie verschwinden leicht hinter der Arbeit, wenn sie nicht als bewusste Ziele wahrgenommen und eingeplant werden.

Tipps

- Der effektivste Zeitspartipp, den ich kenne: Überlegen, ob man bestimmte Dinge wirklich tun will oder tun muss. Viele Dinge tun wir nur, weil wir uns dazu verpflichtet fühlen. Machen Sie eine Liste mit allen Sachen, die Sie tun »müssen« und dann überlegen Sie: Muss ich das wirklich tun? Streichen Sie die Dinge durch, die Sie nicht tun müssen oder wollen. Steigen Sie aus Verpflichtungen aus und sagen Sie zeitraubende, nutzlose Termine ab.
- Machen Sie eine Liste mit den Dingen, die für Sie am wichtigsten sind. Wenn Sie sich nicht darüber im Klaren sind, was Ihnen wirklich wichtig ist, werden sich die unwichtigen Dinge immer in den Vordergrund Ihres Lebens drängen und Ihre Aufmerksamkeit beanspruchen. Die Liste am besten an einem Ort anbringen, an dem Sie sie häufig vor Augen haben.

Fragen zum Weiterdenken

Für welche Dinge will ich in meinem Leben (mehr) Zeit einplanen?

....
....
....

Wie sieht für mich eine optimal gestaltete Woche/ein perfekter Monat aus?

....
....
....

Ordnung schaffen

Ordnung ist das halbe Leben. Die andere Hälfte ist mir lieber.
(Kerstin Hack)

Es gibt nur wenige Dinge im Leben, die so belastend sind wie Unordnung. Wir Menschen sind großartige Verdränger. Irgendwann nehmen wir die herumliegenden Zettel mit unerledigten Dingen, die Bücherstapel, Kleiderberge, das schmutzige Geschirr, die Zeitschriftentürme und all die anderen Dinge, die sich angesammelt haben, nicht mehr bewusst wahr. Aber unser Unterbewusstsein registriert sie genau und reagiert mit der Aussendung von Stresssignalen und Vorwürfen: »Du solltest endlich... Du müsstest aber...« Im schlimmsten Fall kann das ganz alltägliche Chaos zu Depressionen führen, weil das Gefühl, die Dinge nicht mehr im Griff zu haben, überhand nimmt.

Da hilft nur eine Radikalkur – aufräumen, rausschmeißen, wegwerfen, wegsortieren und dem Leben wieder Struktur und Ordnung geben. Nur: So eine Radikalkur dauert in der Regel eine ganze Weile. Ich wohne seit zehn Jahren in der gleichen Wohnung. Und obwohl ich kein Sammlertyp bin, hat sich in diesen Jahren doch viel Zeug angesammelt: In meinem Büro gab es überflüssige Akten, in meinem Kleiderschrank Klamotten, die ich seit Jahren nicht mehr getragen hatte, und in meinen Bücherregalen verstaubten Bücher, die ich nie wieder lesen würde. Weil alle Stauräume gut gefüllt waren, war es schwierig, neue Dinge, die dazukamen, sinnvoll unterzubringen. Also landeten die Bücher und Zeitschriften in Stapeln auf dem Fußboden. Neue Kleidungsstücke wurden doch noch irgendwie in den Schrank gestopft... von Zetteln, die sich in der Ablage stapelten, ganz zu schweigen.

Im letzten Sommer entschied ich mich zu einer Radikalkur. Weil ich wusste, dass es nach zehn Jahren viel zu sortieren gab, habe ich mir vorgenommen, pro Monat ein Zimmer zu durchforsten – und habe mich bei der Zeitplanung gründlich verschätzt. Ich habe im Büro begonnen und jeden Tag nach Arbeitsende einige Aktenordner durchforstet.

Ich habe mich gefragt: Welche Unterlagen brauche ich noch, welche kann ich wegwerfen? Täglich wanderte ein Papierkorb voll mit alten Unterlagen vier Stockwerke tiefer zur Altpapiertonne – ganze sechs Wochen lang. Dann kamen die Schubladen und Regale dran – und die grauenhaften Ablagen. Ich habe kiloweise altes Papier weggeworfen oder es zu Schmierpapier umfunktioniert.

Anschließend habe ich mir zur Belohnung Hängeregister gekauft, die nur die Unterlagen enthalten, die ich für bestimmte aktuelle Projekte brauche. Jetzt gibt es statt einem guten Dutzend nur noch zwei Ablagen: Die eine ist für Unterlagen, die keinem der Projekte in den Hängeordnern zuzuordnen sind. Die zweite Ablage ist für Material, das ich lesen will. Beide mit der Tendenz, sich schneller zu füllen, als ich sie lesen kann... Das muss regelmäßig durchforstet werden, um zu verhindern, dass alles wieder so wird wie früher. Dabei hilft der Ordnungstag.

Das Ergebnis der Radikalkur war überwältigend. Jetzt komme ich morgens in ein Büro, das fast immer, bis auf kleine Stapel, ordentlich ist. Es gibt nur wenig Überflüssiges. Und zur Belohnung der ganzen Aktion habe ich nach zwei Monaten mit Freunden den sechseckigen Raum neu gestrichen: fünf weiße Wände und eine beruhigend grüne, auf die ich blicke, wenn ich vor dem Computer sitze.

Anschließend habe ich mich auf die anderen Räume meiner Wohnung gestürzt. Die »ungeliebten« Dinge gehören zu den größten Ordnungskillern schlechthin. Irgendwann habe ich Quietschenten-gelbe Socken geschenkt bekommen, die ich nie anzog. Aber wegwerfen wollte ich sie auch nicht, weil sie ja noch in Ordnung waren. Dann habe ich mir in einem Anfall von »Ich müsste doch eine perfekte Hausfrau werden« eine Kräutermühle gekauft, die ich nur ein einziges Mal benutzt habe, nämlich direkt nach dem erwähnten Anfall. Ganz zu schweigen von geschmacklosen Geschenken, den Fehlkäufen im Kleidungsbereich, dem Parfüm, das im Laden besser roch als zu Hause, von Büchern und CDs, die man noch nie mochte oder an denen man sich im Laufe der Zeit satt gehört hat.

Ich bin viel zu verantwortungsbewusst, um Dinge wegzuwerfen, die noch gut sind. Das Ergebnis: Im Laufe der Zeit besitze ich immer mehr ungeliebte Dinge, die ich weder benutze noch wegwerfen will. Im Zuge meiner Radikalkur habe ich mich auch vor allem auf diese ungeliebten

Dinge gestürzt. Einen Teil davon habe ich verkauft und mich gefreut, dass meine Wohnung leerer und mein Konto voller wurde.

Die ungeliebten Dinge in der Speisekammer habe ich einfach aufgegessen. Im Winter habe ich, wenn niemand mich damit sah, die lila und gelben Socken so oft angezogen, bis sie durchgelaufen waren und ich sie guten Gewissens wegwerfen konnte. Überflüssige Küchenutensilien habe ich einer Familie geschenkt, die nach langem Auslandsaufenthalt nach Deutschland zurückkehrte und die sich sogar über meine Knoblauchpresse Nr. 3 (Warum hatte ich drei!!! Knoblauchpressen?) gefreut hat.

Eine alte Holzperlenkette ist jetzt Klorollenhalter in der Wohnung einer recht freakigen Freundin, einige meiner alten Bücher haben neue Leser gefunden, manche meiner Zeitschriften liegen jetzt beim Friseur oder in Kneipen und ein Teil meiner Kleidung wird jetzt von Menschen getragen, denen sie besser steht als mir. Im Flur meiner Wohnung steht immer eine Kiste mit einem großen »zu verschenken«- Schild und dient als Umschlagplatz für nicht mehr benötigte Gegenstände.

Eine der großen Gefahren beim Ordnung schaffen und Ausmisten ist jedoch, sich zu überfordern. Man nimmt sich etwas vor, fängt an und stellt schon nach kurzer Zeit fest, dass die Aufgabe viel komplexer und umfassender ist, als man erwartet hatte – und gibt dann frustriert auf und alles bleibt beim Alten.

Schriftliche Planung kann dabei helfen. Man macht sich eine Liste mit den einzelnen Aufgaben und teilt sie so auf, dass die einzelnen Aufgaben in ca. 30 oder 60 Minuten erledigt werden können, zum Beispiel Kleiderschrank ausmisten (60 Min.), Badezimmerregal durchforsten (30 Min.), Küchenutensilien durchsehen (30 Min.), Zeitschriftenstapel überprüfen (60 Min.) und so weiter. Andere Menschen, die eher visuell orientiert sind, können sich einen Plan der Wohnung mit den »neuralgischen Punkten« zeichnen (zum Beispiel Kleiderschrank, Papierstapel), die geschätzte Zeit für Ordnung Schaffen daneben schreiben und jede fertig gestellte Aufräumaktion bunt markieren.

Den eigenen Lebensraum zu ordnen und neu zu strukturieren kostet Zeit und Mühe, aber man wird letztlich sehr belohnt. Damit, dass die Umgebung so viel schöner und ordentlicher ist, man effektiver arbeiten kann, weil man etwas schneller findet und die ganze Umgebung mehr Ruhe ausstrahlt. Was für ein schönes Gefühl.

Tipps

Identifizieren Sie Ungeliebtes in Ihrem Leben und entscheiden Sie sich, was Sie damit machen wollen.

....
....
....

Machen Sie eine Liste von Dingen, die Sie durchforsten wollen, um zu sehen, ob sie noch benötigt werden:
- Bücher
- CDs
- Kleidung
- Küchenutensilien
- Zeitschriften
- Handwerkszeug/Bastelbedarf (die Hälfte der Werkzeuge funktionieren ohnehin nicht mehr richtig)
- Dekoration
- Schmuck (mal ehrlich, die Hälfte davon ziehen Sie doch nie an!)
- ...

Hilfreiche Fragen beim Durchsortieren können sein:
- Benutze ich diesen Gegenstand?
- Brauche ich ihn?
- Habe ich Freude daran?
- Habe ich ihn im letzten Jahr gebraucht?
- Bedeutet er mir etwas?

Wenn eine oder gar alle Fragen mit »nein« beantwortet werden, ist es Zeit, sich davon zu trennen. Wenn Sie unentschlossen sind, empfehlen viele Aufräumexperten »Trennung auf Probe«: den Gegenstand einfach in eine Kiste tun, ein Datum in 6-12 Monaten draufschreiben. Wenn Sie ihn in der Zeit nicht vermisst oder gebraucht haben: Weg damit!

Mein Entschluss

Ich will in meinem Leben Ordnung schaffen, indem ich…

………………………………………………………………………………………
………………………………………………………………………………………
………………………………………………………………………………………

Ordnung halten

Alles auf einmal tun wollen, zerstört alles auf einmal.
(Georg C. Lichtenberg)

Ordnung zu halten, ist eher eine Sache der gedanklichen Disziplin als des praktischen Handelns. Man denkt häufig, man würde Zeit gewinnen, wenn man Dinge »schnell mal« hinlegt, um sich dann später darum zu kümmern. Aber faktisch ist es eher so, dass Dinge dann doppelt so viel Zeit kosten. E-Mails, die man nicht sofort nach dem Lesen beantwortet hat, muss man nochmals lesen, bevor man sie bearbeiten kann… und wenn man es wieder aufschiebt, dann nochmals und nochmals. Kleidung, die man achtlos in eine Ecke feuert, muss man hinterher bügeln oder zumindest später nochmals zur Hand nehmen und wegräumen. Zeitschriften, die man gelesen oder ungelesen auf Stapel packt, muss man ein zweites Mal durchsehen, Papiere, die man in eine Ablage legt, muss man mindestens noch einmal zur Hand nehmen und lesen. Belege, die man nicht gleich ablegt, verwandeln sich in undurchsichtige Knäuel. Und all das nur, weil man nicht willig oder in der Lage ist, die mentale Disziplin aufzubringen, sich gleich zu entscheiden, was man mit einem Text oder Gegenstand tun will – und es dann auch sofort zu tun.

Die tägliche Disziplin aufzubringen, Ordnung zu halten, ist für mich erheblich schwieriger, als einmal gründlich Ordnung zu schaffen. Es ist viel leichter, ein Blatt Papier oder ein Kleidungsstück irgendwo hinzulegen, als konkret zu überlegen: Was will ich als nächstes damit tun?

Mir hat es geholfen, Systeme aufzubauen, die mir die Entscheidungen zumindest zum Teil abnehmen, zum Beispiel Ablagesysteme und Hängeregister, die klar vorgeben, wo etwas hinkommt (wie ein Hängeregister für aktuelle Buchprojekte, an denen ich arbeite, eines für Buchführung und so weiter). Ich gehöre zu den Menschen, die jeden Tag mehr Post bekommen, als ihnen lieb ist. Manche Texte erhalte ich zum Teil klassisch per Post, aber daneben gibt es viele Konzeptpapiere, Berichte, Anfragen und Informationen, die ich per Internet erhalte.

Spam-Mails habe ich durch entsprechende Technik weitgehend blockiert, da ich auf tägliche Angebote, wie ich zu Millionen kommen oder (als Frau!) meine Erektionsfähigkeit verbessern kann, doch eher verzichten will. Aber auch nach Ausfiltern dieser offensichtlichen Spams bleiben noch eine Menge zum Teil wichtiger Texte übrig. Mails drucke ich meist auf Schmierpapier aus (um mein grünes Gewissen zu beruhigen) und lese sie erst nach dem Ausdrucken, da die Aufmerksamkeitsspanne und Merkfähigkeit beim Lesen von gedruckten Texten um 30% höher ist als beim Lesen am Bildschirm. Um die Info-Flut zu bewältigen, habe ich mir die P-A-P-I-E-R-Strategie ausgedacht.

> P – steht für (elektronischen oder physischen) Papierkorb, die effektivste Art, Papier loszuwerden. Dort landet Werbung ungelesen, unerwünschte Information sowie beantwortete Mails, die ich nicht aufbewahren will.
> A – steht für »anderen geben«, also für delegieren. Das ist (fast) so effektiv wie »P«. In der Regel ist es hilfreich, auf dem Papier oder der Mail Kurznotizen zu machen, was der andere denn damit tun soll.
> P – steht für planen, was ich damit tun will. Wenn man etwas nicht sofort erledigen kann, ist die zweitbeste Alternative, sich direkt auf dem Blatt die nächsten Handlungsschritte zu notieren. Praktisch finde ich auch Haftnotizen, wenn es sich um ein Dokument handelt, das sauber bleiben soll. Wenn man das auf dem Blatt oder der E-Mail vermerkt, spart man sich beim nächsten Mal, wenn man das Blatt zur Hand nimmt, wertvolle Lesezeit. Man muss das nicht noch einmal alles lesen, sondern kann gleich zum nächsten Handlungsschritt übergehen, zum Beispiel die Verwaltungsstelle anrufen, im Internet nach Infos suchen, jemanden um Rat fragen...

I – steht für »in die Ablage« (ich gebe zu, die Abkürzung ist etwas gequält). Manches muss gar nicht intensiv bearbeitet, sondern lediglich an der richtigen Stelle abgelegt werden. Beim Ablegen ist es eine gute Routine, gleich nachzusehen, ob in dem Ordner nicht Dinge sind, die man gleich entsorgen kann – ein Blatt rein, drei Blätter raus. Das hält Ordner dauerhaft ohne viel Mühe schlank.

E – steht für erledigen. Manche Dinge muss man einfach tun. Wenn möglich sofort, damit man das Papier nicht nochmals in die Hand nehmen muss – und weil es ein schönes Gefühl ist, etwas geschafft zu haben.

R – steht für »Richtig gemacht«, das Kompliment, dass Sie sich gönnen können, wenn das Blatt Papier aus Ihrer Hand verschwunden ist.

Die Abkürzung P-A-P-I-E-R steht in meinem Terminkalender neben meinem Tagesplan und erinnert mich immer wieder daran, dass ich Papier nicht mit dem Gedanken »da kümmere ich mich später drum« achtlos auf Seite legen, sondern gleich strategisch richtig in Angriff nehmen möchte.

Schwieriger noch als Papier ist es, in der Flut der E-Mails nicht zu ertrinken, sondern auch da Ordnung zu wahren. Ich erhalte täglich Dutzende von E-Mails. Die meisten beantworte ich sofort, aber es gibt auch Mails, mit denen man sich nicht sofort beschäftigen kann, weil man gerade in einem anderen Projekt steckt oder mitten in der Arbeit keine Zeit für eine längere private E-Mail hat oder weil einfach noch Daten und Fakten fehlen, um die Anfrage sinnvoll weiter behandeln zu können.

Ich habe mir deshalb angewöhnt, unbearbeitete Mails nicht im allgemeinen Eingangskorb zu lassen. Dort passiert es nur, dass man wieder und wieder über die gleiche Mail stolpert, sie immer und immer wieder öffnet und liest und dadurch viel Zeit verliert. Ganz zu schweigen davon, dass man bei der Vielzahl der Mails den Überblick verliert und wichtige Mails unter Umständen völlig untergehen.

Statt alles in einem Eingangskorb zu lassen, habe ich mehrere spezifische Eingangskörbe für bestimmte Projekte angelegt. Meine Eingangskörbe haben die Titel:

0   Allgemein (da ist alles Ungelesene drin und alles, was wirklich nirgendwo sonst hinpasst)
1   Schreiben
2   Buchprojekte
3   Internet
4   Vertrieb
5   Organisation
6   Buchführung
7   Freunde/Persönliches

In der Regel kümmere ich mich an einem bestimmten Wochentag schwerpunktmäßig um einen beziehungsweise zwei dieser Bereiche, die Zahlen ordnen die Körbe nach den Tagen der Woche, in denen ich sie beantworten will.

Diese Methode hat mich sehr entlastet. Erstens finde ich Dinge schneller, weil in den Projekt-Eingangskörben in der Regel weniger Mails abgelegt sind als im allgemeinen Eingangsordner. Und zweitens ist es eine große emotionale Entlastung, sich jeden Tag »nur« um die neuen Nachrichten beziehungsweise die Nachrichten in einem Ordner kümmern zu müssen: »Heute kümmere ich mich um alle Dinge, die im Bereich Organisation angefallen sind. Alle Internet-Projekte kann ich heute praktisch und gedanklich ruhen lassen. Die sind erst in vier Tagen wieder dran.«

Ein derartiges System hilft nicht nur Menschen, die im Bürobereich oder Management tätig sind. Die beiden Berufs- und Familienfrauen Bianca Bleier und Birgit Schilling strukturieren ihren Wochenablauf in ähnlicher Weise. Montag Großeinkauf, Dienstag Großkochtag (für mehrere Tage auf einmal), Mittwoch Putzen, Donnerstag Wäsche und so weiter. So hat jeder Tag seinen eigenen Schwerpunkt. Alles kommt irgendwann einmal dran und das schlechte Gewissen, das einem einredet, man müsste an einem Tag alles schaffen, kann man so effektiver zum Schweigen bringen.[4]

Egal, wie man den eigenen Wochenablauf organisiert: Es gibt zwei Grundregeln, um Ordnung zu erhalten. Die eine ist, bestimmte Arbeitsschwerpunkte zu schaffen, durch die man anfallende Aufgaben

---

[4] Bianca Bleier, Birgit Schilling: Besser einfach – einfach besser, Das Haushalts-Survival Buch. Bei www.down-to-earth.de erhältlich.

und Projekte effektiv bündelt, und die andere, sich bei Dingen, die man in die Hand nimmt, sofort und klar zu entscheiden, was man damit tun will – damit es gar nicht wieder zu neuen Chaosbergen kommt.

Tipps

- 1 rein, 3 raus: Immer dann, wenn Sie ein Blatt Papier ablegen, blättern Sie kurz den Ordner durch und sehen nach, ob Sie dafür 3 Blätter entfernen können, die nicht mehr benötigt werden. Sie werden sehen: Diese Methode hält nicht nur Ihre Ordner schlank, sondern verschafft Ihnen auch bei der (sonst eher lästigen) Ablage viele kleine Erfolgserlebnisse. Für mich ist »1 rein, 3 raus« einer der effektivsten Tipps, um Ordnung zu erhalten. Er kann nicht nur für Akten und Unterlagen, sondern (vielleicht leicht abgewandelt) auch für neue Kleidung, Bücher, Putzmittel, Gewürze und sonstige Dinge angewandt werden.
- Gleich denken. Sich Disziplin im Denken anzugewöhnen ist der größte Schritt auf dem Weg zu dauerhafter Ordnung. Es hilft, sich bei Dingen, die man in der Hand hat, kurz und klar selbst zu fragen: Was will oder soll ich jetzt damit tun? Will ich das wirklich lesen? Will ich diesen Text oder diese Zeitschrift wirklich aufheben oder ist Wegwerfen bzw. Weitergeben die bessere Alternative?
- 30-Sekunden-Regel: Sich kurz überlegen: Wie lange würde es dauern, um diese oder jene Sache zu erledigen, etwas wegzuräumen oder kurz zu putzen? Dinge, die weniger als 30 Sekunden Zeit benötigen, sollte man einfach sofort erledigen.

Mein Entschluss

Ich will in meinem Leben Ordnung schaffen, indem ich mir Folgendes angewöhne:

....
....
....

Innere Ordnung

Mit der äußeren Ordnung geht die innere Hand in Hand.
(UNBEKANNT)

Im letzten Jahr ging in meinem Leben alles durcheinander: Mein Verlag war aufgrund verschiedener Faktoren in Schwierigkeiten, eine Jugendgemeinde, bei deren Aufbau ich mich stark eingebracht hatte, brach wieder zusammen und meine Mutter befand sich zeitweise in einer lebensbedrohlichen Lage. Dieser düstere Dreiklang von Situationen, die mir sehr nahe gingen und meine Existenz auf verschiedenen Ebenen bedrohten, raubte mir viel Kraft. Irgendwann war keine Energie mehr da, um die Dinge um mich herum noch gut zu ordnen: Im Laufe der Zeit wuchsen die Papierstapel, die Bücherstapel, die Berge ungebügelter Wäsche. Beim Blick auf diese Stapel und Berge empfand ich, die Kontrolle über mein Leben immer mehr zu verlieren. Die Unordnung kostete mich viel Zeit und Kraft, weil es einfach länger als üblich dauerte, bis ich die entsprechenden Unterlagen oder Dinge fand. Aber sie kostete vor allem innere Kraft, weil mir die Unordnung permanent signalisierte: »Du hast dein Leben nicht im Griff, das Chaos umgibt dich, du wirst nie Herr über dein Leben werden.«

Die äußere und innere Ordnung oder Unordnung sind ganz eng miteinander verknüpft. Das Faszinierende dabei ist jedoch, dass man gerade aufgrund der engen Verknüpfung die Probleme auch von beiden Seiten aus lösen kann.

Jesus hat um diese Zusammenhänge gewusst. In der Begegnung mit Menschen sprach er manchmal direkt ihre innere Unordnung an. Er brachte deutlich zum Ausdruck, welche Dinge in ihrem Leben (Heuchelei, Liebe zum Geld etc.) sie daran hindern würden, das volle Potenzial des Lebens zu entfalten.

Zu anderen Zeiten verfolgte er eine Lösungsstrategie, die von außen nach innen ging: Er ließ sich von Menschen wie zum Beispiel einer Frau aus Samaria mit massiven Beziehungsproblemen oder dem für seine Korruption bekannten Zöllner Zachäus zum Trinken oder Essen einladen. Er drückte ihnen zuerst Wertschätzung und Anerkennung

aus, gab ihnen äußere Sicherheit, bevor diese Menschen dann von sich aus auf ihre Probleme (Sinnfragen, Schuldgefühle etc.) zu sprechen kamen. Dann bestärkte Jesus sie darin, das, was sie als richtig erkannt hatten, auch umzusetzen.

Manchmal muss man Dinge von innen nach außen lösen, manchmal von außen nach innen. Der Weg geht in beide Richtungen. Ich habe das in meiner Krisenzeit erlebt: zum einen habe ich mir Zeit genommen, um über Dinge nachzudenken, meine Gefühle zu empfinden und mit Gott darüber zu reden und eine Zukunftsperspektive zu entwickeln. Zum anderen habe ich meinen Wohnraum geordnet und neu gestaltet: Freunde halfen mir beim Streichen von Küche, Bad und Flur, pinselten Türen neu an. Jetzt habe ich Türen, die frisch mit Heizkörperfarbe gestrichen sind, und Rohre, an denen Holzlasur klebt. Ein Freund baute mir maßgefertigte Regale für Bad und Flur, um diverse Utensilien und Bücher besser ordnen zu können. Und ich räumte auf. Schritt für Schritt. Die »neue«, schöne Umgebung gab mir auch innerlich viel neue Energie.

Es kann sehr hilfreich sein, sich dadurch Auftrieb zu verschaffen, dass man äußerlich Ordnung macht und Dinge neu und schön gestaltet. Aber früher oder später muss man auch den Dingen, die einem innerlich Energie rauben, ins Auge sehen. Als ich mit meinem Leben unzufrieden war, habe ich eine Liste der Dinge aufgestellt, die mir in dieser schwierigen Zeit Kraft geraubt haben. Insgesamt waren es über 40 Punkte, die dort aufgelistet waren. Manches war riesig (wie zum Beispiel die Herausforderung, einen Verlag aufzubauen), anderes wirkte auf den ersten Blick banal (dreimal die Balkonblumen von Läusen zerfressen zu bekommen).

Aber auch diese Summe der vielen unscheinbaren Stressfaktoren hat eine große Belastung dargestellt. Schon das Zusammenschreiben der einzelnen Stressfaktoren brachte mir große innere Erleichterung, weil die fertige Liste mir signalisierte: Ich fühle mich nicht nur subjektiv ausgepowert, sondern es gibt ganz objektive Ursachen für diese Erschöpfung.

In einem zweiten Schritt habe ich die einzelnen Dinge sortiert – in Faktoren, die ich ändern konnte, und in andere, die nicht zu ändern waren. Manche Dinge musste ich als unlösbar stehen lassen. Für andere Dinge, wie zum Beispiel Überlastung durch organisatorischen Kleinkram, ließ sich eine effektive Lösung finden:

Die Auslagerung dieses Arbeitsbereichs an ein hervorragendes Dienstleistungsunternehmen, das auf Vertrieb und Versand spezialisiert ist.

Neben den ganz praktischen Dingen gibt es auch im emotionalen Bereich häufig Unordnungen: Beziehungen, die nicht geklärt worden sind, falsches Verhalten, das nie angesprochen oder korrigiert wurde und so weiter. Es würde den Rahmen dieses Buches und auch meiner Kompetenzen sprengen, hier auf die verschiedenen psychologischen Lösungsansätze einzugehen. Tiefergehende emotionale Schwierigkeiten können häufig nur mit der Hilfe von Fachkräften aufgearbeitet werden. Aber daneben gibt es eine Menge Dinge, die man selber anpacken kann.

Es hilft mir, wenn ich mir Zeit nehme, mich mit einem Notizblock und meiner Lieblingsmusik an einen ruhigen Ort begebe und mir einfache Fragen stelle:

- Welche Beziehungen belasten mich?
- Wo sind Dinge nicht geklärt worden?
- Wo steht Unausgesprochenes noch im Raum?

Man kann diese Fragen auf der einen Hälfte des Zettels notieren und auf die andere Seite konkrete Möglichkeiten zur Lösung schreiben: einen Telefonanruf tätigen, einen Brief schreiben, dem Menschen verzeihen und ihn innerlich gehen lassen...

Manchmal male ich mir die wichtigsten Menschen in meinem Leben auf ein Blatt Papier und sehe mir die Zeichnung an. Ich versuche, sensibel für das zu sein, was ich empfinde, wenn ich an sie denke: Ist es Traurigkeit, Freude, Dankbarkeit, Ärger, Stress oder Angst? Je nachdem, was ich spüre, kann ich überlegen, wo diese Gefühle ihren Ursprung haben, und nach Wegen zur Lösung suchen. Für viele Lösungen braucht man keinen Psychologen. Sie werden von selbst offensichtlich, wenn man es nur wagt, belastende Situationen nicht länger zu verdrängen, sondern sich damit auseinander zu setzen.

Mir gefällt, was der im Jahr 2002 verstorbene Musiker Rich Mullins über die Mönche schrieb: »Ich dachte immer, dass nur Feiglinge ins Kloster gehen, Menschen, die mit dem Leben in dieser Welt nicht klarkommen. Aber wenn man sich mit ihren Schriften auseinander setzt, kann man feststellen, dass einige von ihnen zu den mutigsten

Menschen überhaupt gehören. Jeder, der es wagt, sich intensiv mit sich selbst zu konfrontieren, ist ein sehr mutiger Mensch.«[5]

Neben ungeklärten Beziehungen gehört unverarbeitete Schuld zu den größten Stressfaktoren im Leben. Uns belastet eigene Schuld – aber auch die Dinge, die andere uns angetan haben. Auch wenn es bei unterschiedlichen Völkern verschiedene Auffassungen darüber gibt, welches Verhalten im Detail als Schuld gewertet wird, sind sich Menschen aller Kulturen über das Grundlegende einig: Es ist falsch, einem anderen Menschen das Leben zu rauben. Es muss nicht bis zu dem Extrem der physischen Ermordung kommen – schon die Beraubung von Lebensraum, Freiheit, Geld und anderen Dingen raubt einem Mitmenschen das Leben.

Oft genug nimmt man durch eigenes Handeln Menschen das Leben – oder zumindest ein Stück davon. Und häufig wird man selbst Opfer einer solchen Lebensberaubung. Man ist zu Recht erst einmal stinkwütend auf die Menschen, die einem das Leben erschweren. Es verschafft zwar eine gewisse Befriedigung, Groll und Ärger gegen einen anderen Menschen im Herzen zu kultivieren, aber letztlich bindet es Energie, die man braucht, um weiter zu leben. Weiter im doppelten Sinne des Wortes. Man kann die Vielfalt und Weite des Lebens nur dann genießen, wenn man nicht in engen und destruktiven Gedanken gefangen ist. Dazu muss man sich entscheiden, anderen die Schuld nicht mehr nachzutragen. Wenn man anderen etwas nachträgt, ist man letztlich immer selbst die Person, die sich abschleppt. Es kann hilfreich sein, sich bildhaft vorzustellen, wie man die Last, die man schleppt, an einer Stelle ablegt oder einen Menschen, den man innerlich in Ketten gelegt hat und am liebsten für immer in seiner Schuld gefangen halten möchte, freizugeben. Dabei wird man Erstaunliches erleben. Der Autor Lewis B. Smedes formuliert es so: »Vergebung heißt: einen Gefangenen freizugeben – und dann festzustellen, dass man selbst der Gefangene war.«

Gleiches gilt für den eigenen Anteil an zwischenmenschlichen Konflikten. Wir alle beherrschen die Kunst des Verdrängens – und doch wissen wir, dass wir Dinge getan haben, die anderen Menschen Schaden zugefügt haben und dass wir an der Eskalation mancher Probleme

---

[5] James Bryan Smith: Rich Mullins – An Arrow Pointing to Heaven. Broadman + Holman Publishers, Nashville USA, 2000.

Schuld haben. Es gibt leider genug Situationen, wo mir meine eigenen Interessen wichtiger waren als das Wohl der anderen und ich sie egoistisch durchgezogen und dadurch anderen ein Stück Leben geraubt habe. Auch wenn wir diese Dinge im aktiven Alltag verdrängen, bohren sie unterschwellig weiter und klagen uns an. Sie zerstören die Ordnung des Lebens und nehmen uns die Ruhe. Wenn wir uns erlauben, ruhig zu werden, haben wir schnell die Situationen vor Augen, von denen wir wissen, dass wir uns falsch verhalten haben.

Schuld wird man los, in dem man sie konkret eingesteht. Nicht allgemein: »Ich bin ein schlechter Mensch«, sondern konkret: »Mit dieser Handlung habe ich einem anderen Menschen Schaden zugefügt.« Am besten ist es, dies der Person zu sagen, der man geschadet hat, oder, wenn dies nicht möglich ist, einem anderen Menschen, dem man vertraut.

Für mich ist es darüber hinaus wichtig, auch Gott um Vergebung zu bitten. Jede Schuld ist letztlich ein Ausdruck von mangelnder Liebe zu dem Schöpfer, dem wir alle unser Leben verdanken.

Klar zu formulieren: »Ich habe Schuld auf mich geladen« ist eines der befreiendsten Dinge, die man tun kann. Es kann sehr hilfreich sein, wenn ein Mensch einem diese Vergebung verbal zuspricht: Menschen vergeben manchmal, manchmal aber auch nicht. Gott hingegen will uns immer von unserer Schuld entlasten. »Du brauchst das nicht mehr zu tragen. Ich habe das bereits für dich getragen! Du kannst neu beginnen«, ist die gute Botschaft, welche die Passion, das Sterben und die Auferstehung Christi vermitteln!

Fragen zum Weiterdenken

Liste auf: Welche (ungeklärten) Beziehungen belasten mich?
....
....
....

Was kann ich konkret tun, um diese Beziehungen zu klären?
....
....
....

Wo habe ich Schuld auf mich geladen, die mich belastet?
....
....
....

Wer könnte ein Ansprechpartner für mich sein, um diese Sache zu besprechen und gegebenenfalls zu beten, um das, was mich belastet, loszuwerden?
....
....
....
....

Leben gestalten

Gestalten
Entfalten
Auch mal innehalten

Was machen
Neues erschaffen
Dabei auch lachen

Gelassen wagen
Samen zu tragen
Ohne sofort ein Ergebnis zu haben

Staunend sehen
Dass Pflanzen entstehen
Und voller Dank weitergehen

Tag 3
Nachhaltige Produktivität

Und Gott sprach: Es sollen sich die Wasser unterhalb des Himmels an einen Ort sammeln, und es werde das Trockene sichtbar! Und es geschah so. Und Gott nannte das Trockene Erde, und die Ansammlung der Wasser nannte er Meere.
Und Gott sah, dass es gut war.
Und Gott sprach: Die Erde lasse Gras hervorsprossen, Kraut, das Samen hervorbringt, Fruchtbäume, die auf der Erde Früchte tragen nach ihrer Art, in denen ihr Same ist! Und es geschah so. Und die Erde brachte Gras hervor, Kraut, das Samen hervorbringt nach seiner Art, und Bäume, die Früchte tragen, in denen ihr Same ist nach ihrer Art. Und Gott sah, dass es gut war.
Und es wurde Abend, und es wurde Morgen: ein dritter Tag.
(Genesis 1,9–13)

Gott sprach: »Frucht.«

Und er schuf eine bunte Vielfalt von Pflanzen und Bäumen, die Frucht bringen konnten. Jede Sorte von Pflanzen brachte ihre Sorte von Frucht hervor.

Tag drei finde ich klasse. Viele neue Pflanzen entstehen und vermehren sich. Gott hat Multiplikation und Fruchtbarkeit in das Wesen der Natur und der Menschen gelegt. Neben den Fragen nach der Identität (»Wer bin ich? Woher komme ich?«) und der Beziehung (»Bin ich angenommen? Werde ich geliebt?«) ist die Frage nach der Fruchtbarkeit:

»Kommt aus meinem Leben etwas Gutes hervor?« eine der Grundfragen des Menschen.

Ich habe den gesunden Drang, so zu handeln, dass im Leben anderer Menschen dauerhafte Veränderungen oder, um in der bildhaften Sprache zu bleiben, Früchte hervor gebracht werden. Zu den größten Schätzen in meinem Leben gehören Berichte darüber, dass etwas, was ich getan oder geschrieben habe, im Leben einer anderen Person Gutes bewirkt hat. Es muss nicht immer so dramatisch sein wie in zwei E-Mails der letzten Monate, in denen mir zwei verschiedene Menschen schrieben, dass das, was ich ihnen in einer Krisenzeit ihres Lebens gesagt oder geschrieben habe, ihre Ehe beziehungsweise sogar ihr Leben gerettet hat. Solche dramatischen Auswirkungen des eigenen Lebens haben eher Seltenheitswert. Aber es sind auch die kleinen Gesten, die das Leben eines anderen Menschen bereichern können. Mutter Theresa hat ihren Mitmenschen einmal den Rat gegeben: »Lasst keinen je zu euch kommen, ohne dass er glücklicher wieder geht.«

Jeder kann das Leben anderer bereichern. Nicht jeder ist eine Mutter Theresa. Aber das ist auch gut so. Wenn mein Computer abstürzt, wünsche ich mir nicht Mutter Theresa herbei, sondern Computer-Freaks.

Ich hingegen kann das Leben anderer Menschen auf meine Art und Weise bereichern. Deshalb ist es mein Gebet, dass ich ebenso wie die Pflanzen im Schöpfungsbericht Frucht »nach meiner Art« bringen kann, also Ergebnisse, die dem entwachsen, wer ich bin. Ich will keine künstliche Frucht produzieren, die dem albernen Versuch entspringt, etwas hervorzubringen, was nicht meinem Wesen entspricht. Ich wünsche mir vielmehr natürliche Frucht, die organisch aus meinem Leben, meiner Persönlichkeit und meiner Beziehung zu Gott wächst.

Es ist schön, zu wissen, dass ich als »Kerstin-Baum« das Leben anderer Menschen auf meine Art bereichern kann. Die Art der Frucht entspricht immer der Art des Baumes, mit anderen Worten: Das, was andere Menschen von uns haben und genießen können, ist in erster Linie von unserem Charakter abhängig. Die Bibel nennt in dem Brief an die Christen in Galatien eine ganze Liste von Dingen, die das Ergebnis eines Charakters sind, der von Gottes Geist geprägt wurde: Liebe, Freude, Friede, Langmut/langer Atem, Freundlichkeit, Güte, Treue, Sanftmut, Enthaltsamkeit/Selbstbeherrschung (Brief des Paulus an die Galater 5,22).

Je nach Temperament hat die Frucht eine unterschiedliche Färbung und Geschmacksrichtung: Freundlichkeit und Güte zum Beispiel sieht bei einem temperamentvollen Zeitgenossen sicher anders aus als bei einem eher phlegmatischen Menschen. Und das ist auch gut so. Jeder kann und darf das Leben, das Gott in uns hineingelegt hat, auf die Art und Weise zum Ausdruck bringen, die ihm oder ihr entspricht. Da gibt es kein »Schema F«, sondern nur den Auftrag, zu sein, was man ist, und Frucht nach der eigenen Art zu bringen. Es ist mein Wunsch und mein Traum, dass mein Leben so von Gottes Wesen geprägt ist, dass Menschen, die mir begegnen, auch etwas von Jesus erkennen können. Ich wünsche mir, dass Menschen von mir Ideen, Inspiration und Anregungen empfangen können und in der Lage sind, diesen »Samen« so in ihr Leben zu integrieren, dass er sich mit dem, was in ihrem Leben schon vorhanden ist, verbindet, in ihnen Wurzeln schlägt und anfängt, sich wieder für andere zu multiplizieren. Ganz praktisch mache ich an diesem dritten Wochentag viele Dinge, die direkt Menschen dienen. Ich arbeite viel an unserer Homepage, um anderen Menschen Information und Inspiration zur Verfügung zu stellen.

Der Wunsch nach Frucht

Was alle Erfolgreichen miteinander verbindet, ist die Fähigkeit, den Graben zwischen Entschluss und Ausführung äußerst schmal zu halten.
(PETER DRUCKER)

Im schönen Panama gehört mir ein kleines Stück Wald, auf dem verschiedene Bäume wachsen. Früher war das eine Viehweide, jetzt stehen dort Bäume, die mir nach nur zwei Jahren Wachstum schon bis zur Schulter reichen. Wenn die Bäume ausgewachsen sind, stehe ich kurz vor meiner Rente und dann werden die Bäume mich eine Weile lang versorgen: Ich werde den Erlös aus dem Verkauf des wertvollen Tropenholzes erhalten. Der Wald bleibt jedoch, weil die Bäume in der

Zwischenzeit neue Bäume hervorgebracht haben, auf Dauer erhalten![6]

Vor einigen Monaten stand ich staunend in meinem Wald. Es ist keine Monokultur, sondern ein natürlicher Wald, mit Hecken, in denen Vögel und kleine Säugetiere leben. Da stand Teak, der in den ersten Jahren schnell und hoch wächst und dabei aussieht wie ein Teenager, an dem die noch viel zu langen und dünnen Gliedmaßen etwas herumschlackern. Daneben der edle Mahagoni-Baum, Rosenholz sowie Zapetero, Amarillo und Almedero, Bäume, die hierzulande eher unbekannt sind. Besonders interessant fand ich Bombacopsis Quinatum, eine Zedernart, die ich der Einfachheit halber stets nur »Stachelzeder« genannt habe. Der Stamm des Baumes ist über und über mit dreieckigen Stacheln bedeckt. Die »Stacheln« dienen trotz ihres bedrohlichen Aussehens jedoch nicht zur Abwehr von Feinden, sondern zum Speichern von Wasser, damit die jungen Bäume die dreimonatige Trockenheit in dieser Gegend besser überstehen. Die Verschiedenheit dieser Bäume faszinierte mich: Der schlaksige Teak ist so anders als Amarillo oder Mahagoni, die sich mit dem Wachsen viel mehr Zeit lassen, aber an deren Holz man die edle Gelassenheit auch erkennen kann.

Der Schöpfer schuf die Pflanzen in großer Verschiedenheit. Mit der Einzigartigkeit ist der Auftrag verbunden, auf die eigene, spezifische und einmalige Art Frucht zu bringen und sich zu multiplizieren. Dieser Satz »nach ihrer Art« hat für mich etwas ungemein Entspannendes. Teak wurde von Gott als Teak geschaffen und muss nicht die gleichen Eigenschaften aufweisen wie Mahagoni. Bäume kommen zum Glück nicht auf die Idee, etwas anderes sein zu wollen als das, was sie sind.

Wir Menschen haben aber die Tendenz, uns zu verbiegen und auf das zu schielen, was ein anderer produziert. Statt uns darauf zu konzentrieren, wo unsere Stärken und Begabungen liegen, blicken wir häufig zu dem auf, was andere sind und können. Wir versuchen, sie zu kopieren und scheitern dabei kläglich. Ich kann gut grobe Pläne machen, aber wenn es an die Detailplanung geht, bin ich eher unbegabt.

Heute Morgen habe ich unendlich lange Zeit dafür gebraucht, eine zerrissene Kette wieder aufzufädeln und zu reparieren. Nach dem ersten Tragen ging sie wieder kaputt. Ich war angemessen frustriert. Anderen Menschen fallen solche Fieselarbeiten leicht, aber ich finde so etwas

---

[6] Mehr Infos zu dieser natürlichen alternativen Form der Altersvorsorge unter: www.baum.down-to-earth.de

schrecklich und kompliziert. Genau wie Buchführung, Kommaregeln und sonstige Aufgaben, die eine große Liebe zum Detail erfordern. Die einzige Ausnahme ist das Nähen. Ich nähe gerne. Aber selbst bei den Kleidern, die ich für mich nähe, sind die Nähte nie so gerade, wie Handarbeitslehrerinnen sie sich wünschen würden, sondern ziehen sich eher in leichten Wellenbewegungen am Saum entlang. Aber das stört mich nicht weiter, solange 99% des Kleides gut aussehen!

Für einen Chirurgen, der das Leben eines anderen Menschen retten soll, wäre so eine Laissez-faire-Haltung, wie ich sie beim Nähen an den Tag lege, nicht akzeptabel. Er muss millimetergenau und präzise arbeiten. Aber es ist nicht meine Berufung, Menschen durch Detailarbeit das Leben zu retten, sondern ihnen eine Vision für die Richtung zu vermitteln, in die sie mit ihrem Leben gehen können – und den Mut, ihre Lebensvorstellungen auch konkret umzusetzen.

»Berufung« ist ein großes, Ehrfurcht einflößendes Wort. Man denkt spontan vielleicht an Mutter Theresa, Paulus, Gandhi und andere Menschen mit einer herausragenden Berufung. Aber jeder Mensch hat mit dem Leben seine eigene Berufung und Beauftragung erhalten. Und eigentlich ist es gar nicht so schwer, zu entdecken, wozu man berufen ist. Zwei einfache Fragen können einem da schon auf die Sprünge helfen:

- Was kann ich gut?
- Was macht mich am glücklichsten?[7]

Weder die Natur noch ihr Schöpfer erwartet von den Geschöpfen, dass sie Dinge tun, die außerhalb ihrer Begabungen liegen. Schweine müssen nicht auf Bäume klettern, ihre Umgebung mit Echolot vermessen und zwitschern können. Von Schilfrohr wird nicht erwartet, dass es Vitamin C produziert, und von Adlern wird nicht erwartet, dass sie durch einen Fuchsbau kriechen können. Bei uns Menschen ist es genauso. Wir sind am produktivsten und leben ohne Stress, wenn wir genau die Begabungen nutzen und weiterentwickeln, für die uns das Talent in die Wiege oder den Familienstammbaum gelegt wurde.

Wenn wir das tun, werden wir auch am glücklichsten sein. So wie meine Freundin Birgit, die als Beraterin arbeitet. Sie schrieb mir vor kurzem: »Wenn ich sehe, wie Ehen heil werden, wie Menschen Jesus

---

[7] Mein Buch »Nr. 1. Entdecke, wer du bist – finde deinen Platz. Mit 10 Tests« kann helfen, den eigenen Wünschen, Begabungen und Träumen auf die Spur zu kommen.

begegnen, wenn Frauen und Männer ihre Berufung finden... Dann könnte ich tanzen und freue mich so sehr und finde, ich habe den schönsten Beruf der Welt. Aber wenn es darum geht, das kommende Jahr zu planen, mit Seminarhäusern zu verhandeln, die blöde Buchführung zu erledigen oder ich Beratungen habe, die unschön enden, was zum Glück nur selten der Fall ist, dann stöhne ich.«

Die zweite Frage ist die Frage nach dem, was uns glücklich macht. Manche Menschen haben viele Gaben und Fähigkeiten, aber ihr Einsatz ist mit einem unterschiedlich intensiven Glücksgefühl verbunden. Sie fragen sich vielleicht, ob »Glücklich-Sein« als Maßstab für Berufung nicht etwas egoistisch ist? Ich denke nein.

Glück entsteht, wenn wir unserem Wesen gemäß leben. Ein Nussbaum ist »glücklich«, wenn er Nüsse produzieren kann. Delfine, wenn sie im Wasser tollen, aber auch, wenn sie Menschen helfen können. Ich bin dann am glücklichsten, wenn ich Menschen eine Vision vermitteln kann. Mutter Theresa war als Lehrerin unglücklich. Es passte nicht zu ihr. Als »Engel der Armen« jedoch war sie unendlich glücklich. Wenn wir unserem Wesen gemäß leben, macht das nicht nur uns glücklich, sondern häufig auch andere.

Interessanterweise enfalten sich die meisten unserer Gaben und Talente erst dann, wenn wir sie zum Nutzen anderer Menschen einsetzen. Ein Künstler malt meist nicht nur für sich selbst, sondern um andere Menschen mit seiner Kunst zu inspirieren. Ein Ratgeber hilft anderen, ein Musiker erfreut mit seiner Musik die Zuhörer. Die heilenden Hände eines Therapeuten nützen nicht ihm selbst, sondern den Patienten. Ein begabter Vortragsredner wird sich selbst nur selten Vorträge halten und ein Kfz-Mechaniker setzt seine Fähigkeiten meist häufiger für die defekten Fahrzeuge anderer Menschen als seine eigenen ein.

Gaben und Talente nützen nicht in erster Linie dem Begabten, sondern anderen Menschen. Das hat der Schöpfer genial angelegt. Menschen und Natur funktionieren nur im symbiotischen Miteinander. Dort, wo der eine gibt, nimmt der andere und gibt selbst wiederum etwas weiter. Die Tiere, die die Früchte eines Baumes essen, tragen den Samen der Bäume an Orte weiter, wo der Samen alleine nicht hinkommen kann, weil er keine Füße hat. Die Menschen, die ihre Fähigkeiten zum Wohl anderer einsetzen, blühen nicht nur selbst auf, sondern bringen nach dem Aufblühen auch Früchte hervor, die anderen Menschen nützen.

Fragen zum Weiterdenken

Was kann ich besonders gut?

....
....
....

Für welche Tätigkeiten erhalte ich die meisten Komplimente?

....
....
....

Bei welchen Aktivitäten/Tätigkeiten bin ich am glücklichsten?

....
....
....

Welche Begabungen möchte ich gerne weiter ausbauen? Wie?

....
....
....

Mein Entschluss

Ich will in meinem Leben mehr konkrete Ergebnisse sehen (Frucht hervorbringen), indem ich…

....
....
....

Wachsende Einflussnahme

Wer nicht plant, wird verplant.
(Kerstin Hack)

Viele Menschen sehnen sich danach, nicht von ihrem Leben oder den Wünschen anderer Menschen beherrscht zu werden, sondern ihr Leben selbst zu gestalten und womöglich auch positiven Einfluss auf das Leben anderer Menschen nehmen zu können. Planen ist ein wichtiger Schritt dabei, das Leben selbst zu bestimmen. Menschen, die nicht planen, was sie wann und wie tun möchten, werden immer über 1000 Dinge stolpern, die ihre Aufmerksamkeit auf sich ziehen. Aber sie kommen nie dazu, das zu tun, was ihnen wirklich wichtig ist.

Das ist frustrierend. Zum einen, weil die Erledigung des »akuten Kleinkrams« nie die gleiche Befriedigung gibt wie die Bewältigung einer Sache, die einem wirklich wichtig ist. Und zum anderen, weil das Unterbewusstsein nicht vergisst, dass man ja eigentlich etwas anderes tun wollte. Der Mensch kann manches im Bewusstsein komplett ausblenden, zum Beispiel die Unordnung in der Wohnung, die man irgendwann nicht mehr wahrnimmt, oder unerledigte Dinge, die man einfach »vergisst«. Das Unterbewusste registriert die unbewältigten Aufgaben aber dennoch und hämmert einem laut oder leise die Botschaft in den Kopf: »Du schaffst das nie. Alles ist unerledigt. Du wirst die Sachen nie bewältigen!«

Eine der effektivsten Methoden, um diesen Quälgeist zum Schweigen zu bringen, ist die 30-Sekunden-Regel, die empfiehlt, Dinge, deren Erledigung weniger als 30 Sekunden dauert, sofort anzupacken. Gerade habe ich, als ich mir eine Tasse Tee kochte, schnell noch Klarspüler in die Spülmaschine getan, weil mir leichte Schlieren am Geschirr aufgefallen waren. Es ist in der Regel effektiver, eine E-Mail gleich zu beantworten, als sie nur zu lesen und das Beantworten auf »später mal« zu verschieben. Ein Handtuch zusammenfalten, einen Brief an die richtige Stelle legen, ein Bild gerade hängen. Erledigt man diese Dinge nicht sofort, werden sie einen noch mindestens zehnmal stören und dabei innere Energie rauben, bis man die kleine Sache endlich erledigt hat.

Viele Dinge lassen sich auch gut in kleinen Pausen erledigen: Ich stehe vom Computer auf, strecke mich kurz und sortiere drei oder vier Blätter Papier in die entsprechende Ablage ein. Der Wäscheberg einer Familie wird kleiner, wenn man beim Besuch des Badezimmers schon einmal ein paar Kleidungsstücke zusammen legt oder (noch besser) dem entsprechenden Familienmitglied in die Hand drückt.

Diese kleinen Sofortmaßnahmen kosten praktisch keine Zeit, verhindern aber das Wachsen von erdrückenden »das-mache-ich-später-mal«-Bergen. Vor dieser Regel hüten, sollten sich lediglich die Menschen, die dazu neigen, von einer Sache zur nächsten zu schweifen. Man kennt das: Da wird zuerst ein bisschen Geschirr weggeräumt, dann »mal schnell« der Kühlschrank ausgewischt. Dabei fällt einem ein, dass man ja noch Butter braucht, was dazu führt, dass man mal schnell zum Einkaufen geht, um dort Person X zu treffen, die fragt, ob man nicht schnell mal dies oder jenes tun könnte. Kurz: Das Wichtigste bei der 30-Sekunden-Regel ist, dass man eine Aufgabe, die man in dreißig Sekunden erledigen kann, gleich anpackt – nicht hunderte!

Manche Aufgaben jedoch kann man nicht zeitnah erledigen, weil sie zu komplex und umfassend sind. Und so schiebt man den Riesenberg einfach vor sich her. Das kann zum Beispiel die leidige Steuererklärung sein oder die Fotos der letzten fünf Urlaube und vier Familienfeiern, die man schon lange einkleben wollte. Derartige Dinge sind ein leidiges Thema für die meisten Menschen. Bei komplexen Aufgabenstellungen, die wie ein Gebirge vor einem liegen, kann es helfen, zu fragen: »Was ist der erste Schritt, den ich jetzt tun kann, um mit dieser Angelegenheit anzufangen?« Bei den Fotos kann es bedeuten, dass man sich Fotoalben (oder Schachteln) und Kleber kauft. Bei der Steuererklärung kann der erste Schritt sein, sich die Formulare aus dem Finanzamt oder Internet zu besorgen und schon mal die einfachen Dinge wie Namen, Steuernummer, Adresse und Bankverbindung einzutragen oder die Belege zu sortieren. Dann hat man immerhin schon etwas geschafft.

Den Quälgeistern, die einem sagen: »Das schaffst du nie«, kann man bereits Paroli bieten: »Stimmt gar nicht. Ich habe schon damit angefangen und werde auch die nächsten Schritte schaffen!« Das kann eine riesige Entlastung sein und helfen, nacheinander die nächsten Schritte bis zur tatsächlichen Vollendung der Aufgabe zu gehen.

Wenn es weder möglich ist, etwas sofort zu erledigen, noch damit anzufangen, sollte man wenigstens konkret planen. Dabei hilft es, sich zuerst die Frage zu stellen: Will ich es überhaupt tun? Das mag albern erscheinen, weil man ja das anklagende »Du solltest es aber tun!« im Ohr hatte. Aber nicht alles, was man tun sollte, muss man wirklich tun. Warum soll man Kleidungsstücke bügeln oder flicken, von denen man im Grunde doch weiß, dass man sie nie wieder anziehen wird? Daher kann es hilfreich sein, sich ganz klar zu überlegen, ob man eine bestimmte Sache wirklich tun will und muss.

Vor einer Woche habe ich ein Projekt abgeblasen, das mir lange im Nacken saß. Ich schien nie wirklich Zeit dafür zu finden, obwohl ich es immer wieder auf meine To-Do-Liste geschrieben habe, hatte keine rechte Freude daran und kam einfach nicht vorwärts. Also habe ich mir überlegt: Will ich das wirklich machen? Lohnt es sich? Als ich beide Fragen mit »nein« beantwortet habe und auch mir auch mein Kooperationspartner signalisiert hatte, dass es kein Problem wäre, wenn ich das Projekt nicht durchführen würde, habe ich dieses Projekt genüsslich in den »Verworfene Projekte«-Ordner meines Computers verschoben. Was für ein gutes Gefühl!

Sich konkret zu fragen, ob man eine Sache tatsächlich tun will, hilft zwischen allgemeinem Pflichtgefühl und tatsächlich wichtigen Dingen zu unterscheiden. Man kann Dinge leichter anpacken, nachdem man die Fragen »Will ich das tatsächlich gerne tun? Will ich diesen Stapel Zeitungen wirklich lesen? Will ich diesen Artikel wirklich schreiben, diese oder jene Aufgabe tatsächlich übernehmen? Bringt es mich weiter, wenn ich es tue?« beantwortet hat. Das kann einerseits bedeuten, dass man erste konkrete Schritte geht, um die Sache, für die man sich neu entschieden hat, zu erledigen. Oder es kann auch bedeuten, sich dafür zu entscheiden, die Aufgabe gar nicht anzugehen. Das erfordert den Mut, sich von Vorsätzen zu trennen, deren Nichterfüllung nur ein schlechtes Gewissen macht, aber deren Erfüllung das eigene Leben nicht wesentlich verbessern würde.

Bei den Projekten und Aufgaben, die nach dieser Fragestellung noch übrig bleiben, ist es hilfreich, so konkret wie möglich zu planen, wann, wie und gegebenenfalls mit wem man dieses Projekt durchführen möchte, zum Beispiel: »Wann will ich die Zeitschriften lesen, wie viele Seiten pro Tag?« Gut geplant ist halb erledigt. Mir hilft es, auf

Dokumenten, die ich erst zu einem späteren Zeitpunkt beantworten kann, schon gleich zu notieren, was ich als nächstes konkret damit machen will. Das kann sein: eine Person anrufen, eine weitere Unterlage suchen, eine Auskunft einholen... Das kostet ein paar Sekunden, spart mir aber beim nächsten Mal, wenn ich das Blatt in die Hand nehme, viel Zeit, weil ich es nicht noch einmal durchlesen muss, sondern gleich weiß, was zu tun ist. Den Rest des Blattes muss ich dann nur noch kurz überfliegen, aber nicht mehr im Detail lesen.

Vielen Menschen gelingt es, äußerlich Ordnung zu halten, aber sie haben ihre Gedanken kaum unter Kontrolle und verschwenden viel ihrer produktiven Zeit damit, über überflüssige Dinge nachzudenken. Ungeordnetes Denken ist vergleichbar mit dem Bild wilder Triebe bei Pflanzen: Diese Triebe vermitteln den Anschein von Aktivität, aber es wächst dort keine Frucht.

Ein überwiegender Anteil der Sorgen, die man sich macht, ist schlicht und ergreifend überflüssig. Vor Jahren habe ich gelesen, dass von allen Dingen, die Menschen befürchten, nur etwa 20% tatsächlich eintreffen. Ich weiß nicht, wie Wissenschaftler so etwas messen, aber es ist auf jeden Fall bemerkenswert, dass womöglich 80% unserer Sorgen vollständig überflüssig sind, weil die Dinge, die wir befürchten, nie eintreffen. Und ob es wirklich produktiv ist, sich um die restlichen 20% zu sorgen, steht noch auf einem ganz anderen Blatt.

Die Holländerin Corrie ten Boom, die während des Nationalsozialismus lange Zeit in einem Konzentrationslager verbrachte, weil sie und ihre Familie in ihrem Haus mehrere Juden versteckt hatten, überstand diese schwere Zeit durch ihren unerschütterlichen Glauben an einen Gott, der es trotz allem gut mit ihr meint, und durch ihre Konzentration auf das Leben im Jetzt. Sie hat einmal gesagt: »Sich sorgen nimmt dem Morgen nichts von seinem Leid, aber es raubt dem Heute die Kraft.« Die Herausforderungen, mit denen sie sich konfrontiert sah, die ständige Bedrohung des Lebens, die Ungerechtigkeit, der Hunger, die Läuse, die harte Arbeit, die demütigende Behandlung der Frauen im Konzentrationslager – all das hätte ihr genug Anlass gegeben, sich Tag und Nacht zu sorgen. Aber sie entschied sich, dies nicht zu tun.

Mir hilft es, wenn ich mal wieder gedanklich um etwas kreise, mich konkret zu fragen, ob die Dinge, über die ich mir Gedanken mache, durch meine Gedanken zu beeinflussen sind.

Gelegentlich, wenn ich beim Friseur oder Zahnarzt sitze und Klatschzeitungen lese (ja, das tue ich tatsächlich), frage ich mich, ob Camilla je Königin werden wird oder eben nicht. Aber durch mein Nachdenken darüber kann ich die Situation kein bisschen beeinflussen. Warum also sollte ich weiter darüber nachdenken? Das nützt niemandem etwas.

Aber auch bei Dingen, die das eigene Leben betreffen, ist das häufig nicht anders. Ich kann mir 1000 Mal überlegen, ob eine Person, die noch eine Rechnung offen hat, bald zahlen wird oder nicht. Ich kann mir unendlich viele Gedanken darüber machen, ob mein Verlag weiterhin Erfolg haben wird oder nicht. Aber derartiges Grübeln bringt mich keinen einzigen Schritt weiter.

Wenn ich mich jedoch konkret frage, wie ich dazu beitragen kann, dass der Verlag bekannter wird, wie ich die Bücher unseres Verlages besser und ansprechender gestalten kann und so weiter, kommen Prozesse in Gang, die zu effektiven Handlungsschritten führen können. Solche konkreten Überlegungen bringen mich meinem Ziel näher. Das allgemeine Rumgrübeln hilft gar nicht.

Ich habe es mir deshalb so gut wie möglich angewöhnt, mich selbst beim Grübeln kritisch zu beobachten und mich zu fragen: Ist das Thema, über das ich hier nachdenke, eine Sache, die ich konkret beeinflussen kann? Wenn ja, lohnt es sich wahrscheinlich, weiter darüber nachzudenken. Wenn ich auf diese Sache ohnehin kaum oder keinen Einfluss habe (das Wetter, die Reaktion eines anderen Menschen, die Wirtschaftslage, die Weltpolitik), verbiete ich es mir selbst, weiter darüber nachzudenken. Warum soll ich meine Zeit und mentale Energie für Gedanken über etwas verwenden, was ohnehin außerhalb meiner Kontrolle liegt?

Konstruktive Menschen überlegen aktiv, wie sie Dinge konkret gestalten, prägen und verbessern können, und vergrößern somit aktiv ihren Einflussbereich. Sie haben ihr Leben besser im Griff und können es aktiver und konstruktiver gestalten. Im Gegenteil dazu neigen Menschen, die sich davor scheuen, Schwierigkeiten konkret anzupacken, dazu, über vieles nachzudenken, was außerhalb ihres Einflussbereichs liegt. Sie werden dabei immer depressiver, weil jede Sache, mit der sie sich gedanklich beschäftigen, ihnen aufs Neue vermittelt: »Du kannst ja an dieser Situation gar nichts ändern.«

Manchmal helfen bei solchen Gedankenkreisen kleine Rituale des Loslassens. Es gibt Zeiten, in denen mich bestimmte Vorstellungen und Ängste quälen und immer wieder in meinen Gedanken auftauchen. Es ist mir theoretisch klar, dass ich dadurch, dass ich mir Sorgen mache, in der Situation nicht weiterkomme, aber dennoch kreisen meine Überlegungen um ein ungelöstes Problem wie eine alte Schallplatte mit Sprung. Um diese Dinge loszuwerden, hilft mir die Vorstellung, das Problem sei wie ein Stein oder ein Stück zerknülltes Papier. Das halte ich dann in der Hand und fange an, mit Gott darüber zu reden: »Himmlischer Vater; du weißt, wie sehr mich das belastet und dass mir bis jetzt noch keine Lösung eingefallen ist. Aber du bist stark und mächtig. Ich entscheide mich, dich um Hilfe und Lösung für dieses Problem zu bitten. Ich bitte dich, mir nun einen Weg zu zeigen.« Und dann lasse ich das Problem, das mich beschäftigt, auch symbolisch los, zum Beispiel indem ich das zerknüllte Papier anzünde oder wegwerfe oder einen Stein ins Wasser oder den Garten werfe. Das hilft und erleichtert. Die Kräfte, die man braucht, um positive Resultate im eigenen Leben hervorzubringen, werden nicht länger durch Negatives gebunden, sondern sind frei, sich den Weg zur Frucht zu bahnen.

Fragen zum Weiterdenken

Was schiebe ich besonders gerne auf?

....
....
....

Welche unangenehmen Tätigkeiten will ich konkret angehen und wann werde ich sie umsetzen?

....
....
....

Mit welchen unnötigen Gedanken beschäftige ich mich häufig? Wie will ich das eindämmen?

....
....
....

Mein Entschluss

Ich will in meinem Leben mehr konkrete Ergebnisse sehen (Frucht hervorbringen), indem ich...

....
....
....

Anvertrautes bewahren

*Ein frei denkender Mensch bleibt nicht da stehen,
wo der Zufall ihn hinstößt.*
(Heinrich von Kleist)

Als ich meine Magisterarbeit schrieb, habe ich sechs Monate lang jeden Tag am Schreibtisch oder auf dem breiten Fensterbrett verbracht, wo ich geschrieben oder Fachtexte gelesen habe. Zu keinem anderen Zeitpunkt in meinem Leben habe ich so leidenschaftlich gerne Geschirr gespült wie zu dieser Zeit. Der Grund dafür war einfach der, dass die Erfolge bei der Magisterarbeit kaum zu erkennen waren, weil es so langsam vorwärts ging. Im Gegensatz dazu konnte man beim Geschirrspülen schon nach wenigen Minuten sichtbare Ergebnisse sehen: Ein chaotischer Berg von schmutzigem Geschirr hatte sich unter meinen Händen zu einem halbordentlich gestapelten Turm von sauberen Tellern, Tassen und Besteck verwandelt. Was für ein Erfolg!

Angetrieben durch diese sichtbare Bestätigung meiner Leistungsfähigkeit, habe ich mich dann wieder mit neuem Schwung an den Schreibtisch gesetzt, um die langsam wachsende Magisterarbeit weiterzubringen.

Jeder Mensch braucht Erfolgserlebnisse. Sie sind wie Öl, das den inneren Antrieb schmiert. Wir haben allerdings häufig die Tendenz, über die Dinge, die wir erreicht haben, eilig hinwegzugehen und uns der nächsten Sache zuzuwenden, noch bevor wir uns einen Moment Zeit dafür genommen haben, unsere Erfolge kurz zu feiern. Dabei ist wichtig, dass wir erst einmal realisieren, dass wir tatsächlich etwas geschafft haben. Zusammengelegte Wäsche oder beantwortete E-Mails, ein fertig gebügeltes Hemd oder ein leckeres Essen mögen kein großer Fortschritt für die Menschheit sein, aber sie haben denjenigen einen Schritt weiter gebracht, der es erledigt hat. Und das ist ein Grund, zu feiern. Zusammengelegte Socken oder ein endlich beantworteter Brief sind vielleicht kein ausreichender Anlass für Champagner und eine große Party. Aber sie sind Grund genug, einen Moment innezuhalten und sich selbst anerkennend zu sagen: »Ja, ich habe etwas geschafft.«

Dabei kann auch die Ein-Minuten-Regel helfen: Zwischen zwei verschiedenen Tätigkeiten bewusst eine Minute Pause zu machen, hilft, um von einer Aktivität auf die andere umzuschalten. Mit »umschalten« meine ich nicht das hektische Umschalten zwischen einzelnen Fenstern am Computer, die alle gleichzeitig offen sind, sondern genau das Gegenteil: nach einer Tätigkeit bewusst Pause machen, kurz aufstehen, auf das Erledigte zurückblicken. Mir hilft es, beim »Umschalten« ein kurzes Gebet zu sprechen, mich darüber zu freuen, dass ich etwas erreichen konnte und mich nun einer neuen Aufgabe zuwenden kann.

Erfolge muss man sehen können, um sie wahrzunehmen. Bei manchen Tätigkeiten ist das gar nicht so leicht. Wer nimmt schon den frisch geputzten Flur wahr – bevor er wieder mit schmutzigen Schuhen durchtrampelt wird? Oder wer sieht beantwortete E-Mails oder den Fortschritt bei einem langwierigen Projekt? Wenn man zum Beispiel ein Buch schreibt, ändern sich unten links die Zahlen, die anzeigen, wie viele Seiten man schon geschrieben hat. Bei diesem Manuskript steht jetzt gerade die Zahl 67 in einem kleinen grauen Fenster. Aber Zahlen sind für mich zu abstrakt. Deshalb mache ich mir Erfolge, wie bereits erwähnt, visuell sichtbar. Bei Büchern tue ich das mit bunt ausgemalten Karos – für jede geschriebene Seite wird ein Kästchen bunt. Bei größeren Projekten gestalte ich ein Diagramm mit verschiedenen Projektflächen, die dann farbig unterlegt werden, wenn wieder ein Teilabschnitt des Projektes abgeschlossen werden konnte.

Es hilft überhaupt, wenn man, wo möglich, die Tätigkeiten nicht in erster Linie als etwas betrachtet, was erledigt werden muss, sondern als etwas, was das Leben zum Wachsen bringt. Ein Student erledigt nicht nur Pflichtaufgaben, wenn er Bücher für sein Studium liest, sondern er bringt dadurch sein Wissen zum Wachsen. Eine Mutter, die ihrem Kind bei den Mathehausaufgaben hilft, schließt nicht nur eigene Wissenslücken (Wie ging das mit der Prozentrechnung noch mal?), sondern trägt zum Wachstum der Beziehung bei. Die vielen E-Mails, die ich täglich schreibe, sind nicht nur lästige Pflichtaufgabe, sondern jede birgt in sich die Chance, eine Beziehung zu einem anderen Menschen zu fördern und in seinem Leben etwas zum Wachsen zu bringen, indem ich Information oder konkrete Tipps weitergebe.

Früher habe ich Dinge auf meiner To-Do-Liste immer durchgestrichen, wenn ich sie erledigt hatte, und dachte mir: »Das ist geschafft, erledigt, fertig, eine Sache weniger, die ich tun muss.« Das mache ich jetzt nicht mehr, weil es in meinen Augen den »Muss-Charakter« von Tätigkeiten zu sehr betont. Jetzt markiere ich Dinge, die ich erledigt habe, mit einem grünen Textmarker und bringe dadurch zum Ausdruck: »Hier ist etwas gewachsen.«

Wachstum ist wichtiger als bloße Aktivität. Der Forscher Vilfredo Pareto hat bereits im 19. Jahrhundert festgestellt, dass wir den Großteil dessen, was wir erreichen (also unsere Produktivität), mit nur einem geringen Teil unserer Zeit und Lebensenergie erreichen. 20% der Energie und Zeit erzeugen in der Regel 80% der Ergebnisse (die so genannte 80/20-Regel, auch Pareto-Prinzip genannt). Den Rest der Zeit verwenden wir für Dinge, die keine oder nur wenige sichtbare Ergebnisse bringen – und fühlen uns aber auf Grund unserer Viel- und Überbeschäftigung total gestresst. Viele Menschen gründen sogar ihren Wert auf unablässiger Aktivität. Der Satz: »Ich bin total gestresst« hebt den Sprecher vermeintlich in den Rang der wichtigen Menschen, weil er und andere die Dauerhektik als Zeichen für Bedeutung werten. Dabei wird selten gefragt, ob dieses hektische Überbeschäftigt-Sein auch zu wirklich zu den erwünschten Resultaten führt.

Langsam setzt sich in Ratgeberkreisen die Erkenntnis durch, dass die Menschen, die langsam – aber besser und gründlicher – arbeiten, kurz die Slobbies (aus dem Englischen für *Slow, but better working people*, also Leute, die langsamer, aber besser arbeiten) im Leben mehr erreichen, als diejenigen, die voller Hektik von einer Aufgabe zur nächsten hetzen, ohne je darüber nachzudenken, was sie denn tun.

Die offensichtlich wichtigste Person des Universums, der Schöpfer selbst, war nie gestresst. Nirgends lesen wir davon, dass er Stress an die große Glocke gehängt und etwa gesagt hat: »Adam und Eva, was war das für ein Stress, diese Welt zu schaffen. Die Krokodile und Vögel, Seerosen und Mauerblümchen – und dann erst noch der Himalaja und die Alpen. Was bin ich gestresst!« Wenn man die Schöpfungsgeschichte liest, spürt man nichts von einer derartigen Hektik. Gott hat eine ganze Welt geschaffen, aber er ist am Ende des Prozesses nicht geschafft. Es gelingt ihm vielmehr, jeden Tag mit ruhiger Gelassenheit zu beenden.

Gott hat uns als seine Ebenbilder geschaffen. Das bedeutet: Wir sind zum Schaffen berufen, nicht zum Geschafft-Sein. Geschafft-Sein setzt dann ein, wenn man sich keine Zeit mehr nimmt, über anstehende Aufgaben nachzudenken, keine Pausen mehr macht und sich nicht mehr fragt, warum man tut, was man tut. Spätestens, wenn man auf die Frage nach dem »Warum« keine Antwort mehr weiß, ist die Zeit für eine Neuorientierung gekommen.

Jeder Mensch wird diese Frage nach dem »Warum« anders beantworten. Aber letztlich wird die Antwort immer etwas mit Leben zu tun haben. Jeder kann Leben hervorbringen, zum Beispiel indem er Kinder unterrichtet oder andere Menschen versorgt. Ich bin dankbar dafür, dass es Menschen gibt, die mir das Leben leichter machen, indem sie Müll wegfahren, Strom erzeugen oder Radwege bauen. Durch ihre Tätigkeit verbessern sie meine Lebensqualität, weil ich meine Energie nicht mehr dafür verwenden muss, stinkenden Müll selbst zu entsorgen oder mich über holprige Fahrwege zu quälen. Ich wiederum kann durch die Impulse, die ich gebe, hoffentlich dazu beitragen, dass das Leben anderer Menschen schöner, leichter und lebenswerter wird.

Eine Lebensweisheit der chinesischen Bauern lautet: »Stell dich auf dein Feld, strecke deine Arme weit aus, dreh dich im Kreis und segne alles, was du durch deine Finger sehen kannst!«

Gott, der Schöpfer, hat jedem Menschen ein unterschiedliches Ackerstück zur Bebauung anvertraut. Die Tätigkeitsfelder, in denen wir involviert sind, sind häufig nicht so visuell erkennbar wie die Felder eines chinesischen Bauern. Dennoch tut es gut, die Dinge zu betrachten, die man schon geschaffen hat und von ganzem Herzen Dankbarkeit für die bereits geernteten Früchte zu empfinden. Man kann sich dann umdrehen und innerlich vor die Dinge stellen, die vor einem liegen und sich entscheiden: Die packe ich jetzt an, damit Raum für neues Leben entsteht. So, und jetzt male ich ein großes Kästchen grün an, weil dieser Abschnitt fertig geschrieben und etwas Neues geschaffen worden ist.

Tipps

- Erledigte Dinge auf der To-Do-Liste nicht durchstreichen, sondern grün markieren.
- Bei größeren Projekten eine Möglichkeit suchen, wie man die Projektschritte visuell darstellen kann (egal ob als Fläche mit leeren und später vollen Kästchen oder als Kreis, der weiter wächst, oder durch grafische Elemente...).
- Ein-Minuten-Regel einüben: Zwischen zwei Tätigkeiten eine Minute Pause machen, auf das zurückblicken, was man schon geschaffen hat, auf das sehen, was noch vor einem liegt.
- Wann immer sich die Gelegenheit bietet: Danke sagen.

Fragen zum Weiterdenken

Wo habe ich am häufigsten das Gefühl, nur geschafft zu sein, ohne etwas geschaffen zu haben? Was kann ich an dieser Situation ändern?

....
....
....

Was habe ich heute schon geschaffen?

....
....
....

Welche kleinen Tätigkeiten geben mir schnell das Gefühl, etwas erreicht zu haben? Wie kann ich kleine Erfolge bewusst in mein Leben einbauen, um Schwung für die größeren Aufgaben zu finden?

....
....
....

Mein Entschluss

Ich will in meinem Leben mehr konkrete Ergebnisse sehen (Frucht hervorbringen), indem ich...

....
....
....

Die Zeiten

Das rhythmische Muster
Der Schöpfung
Fließt
Natürlich
Zwischen
Dunkel und Licht
In blauschattenen Stunden
Verschmelzen die Zeiten
Ineinander
Sonnenbeschienener
Mondgezogener
Wechsel
Von Ebbe und Flut
Kraftvoll und gelassen
Wie der lockere Handschlag
Eines Afro-Trommlers
Der den Rhythmus schlägt
Für den Tanz des Lebens

Tag 4

Gesunder Rhythmus

Und Gott sprach: Es sollen Lichter an der Wölbung des Himmels werden, um zu scheiden zwischen Tag und Nacht, und sie sollen dienen als Zeichen und zur Bestimmung von Zeiten und Tagen und Jahren; und sie sollen als Lichter an der Wölbung des Himmels dienen, um auf die Erde zu leuchten! Und es geschah so.
Und Gott machte die beiden großen Lichter: das größere Licht zur Beherrschung des Tages und das kleinere Licht zur Beherrschung der Nacht und die Sterne. Und Gott setzte sie an die Wölbung des Himmels, über die Erde zu leuchten und zu herrschen über den Tag und über die Nacht und zwischen dem Licht und der Finsternis zu scheiden. Und Gott sah, dass es gut war. Und es wurde Abend, und es wurde Morgen: ein vierter Tag.
(Genesis 1,14–19)

Gott sprach: »Der Rhythmus des Lebens entfalte sich!«

Gott schuf die Jahreszeiten sowie den Wechsel von Sommer und Winter, Tag und Nacht. Er gab der Natur und dem Leben Rhythmus und Takt. Er wusste, dass Natur und Menschen das Beständige und Wiederkehrende ebenso brauchen, um ihrem Leben Form und Gestalt zu geben, wie das Neue, Unerwartete, Spontane. Und er schuf Jahreszeiten und sogar die Gestirne am Himmel, die mit einem Blick nach oben entdecken lassen, in welcher Zeit man lebt.

Während ich schreibe, stolpern noch ein paar Schneeflocken vom

Himmel und tanzen im Frühlingswind, der trockene Äste von den Bäumen löst, um Raum für neue Triebe zu schaffen. Die Tier- und Pflanzenwelt erwacht. Tulpen strecken ihre ersten Blätter vorsichtig tastend durch die Erde. Die Krähen suchen in den Vorgärten nach Samen, die der Winter verschont hat. Das Frühjahr ist eine verrückte Zeit. Weiches Grün kämpft sich durch gefrorenen Boden. Es ist eine Zeit des Kampfes. Neues Leben überwindet mit der ihm innewohnenden Energie hart gefrorene Hindernisse.

Es war eine gute Idee, allen Dingen und Aktivitäten ihre Zeit zu geben. Es gibt eine Zeit für den Kampf und die Ruhe, das Pflanzen und Ausreißen, das Festhalten und Loslassen. Gott schuf Zeiten und Rhythmen, damit wir mit einer Welt klarkommen, wo sich Landesgrenzen schneller verschieben als Schaufensterdekorationen wechseln und in der das Auf und Ab der Geschäftswelt und der Börsen mehr dem Bungeejumping gleicht als voraussehbaren Abläufen.

In dieser Welt haben Jahreszeiten, der Wechsel von Tag und Nacht, Sonnen- und Mondlicht, Saat und Ernte, in denen Vertrautes zurückkehrt, etwas erfreulich Beruhigendes. Es ist tröstlich, zu wissen, dass Gottes rhythmische Lebensmuster in dieser Welt bestehen bleiben.

Es kann das Leben entlasten und neue Kraft verleihen, wenn man diesen Wechsel der Zeiten besser versteht und lernt, im natürlichen Rhythmus des Lebens zu fließen, statt sich dagegenzustemmen. Je nachdem, in welcher Zeit man sich befindet, muss man das Leben anders leben. Wenn die Zeit der Geburt gekommen ist, muss man mit aller Kraft pressen und alle Energie aufbringen, um das Leben hervorzubringen, das hervorkommen will.

Aber es hat keinen Sinn, Druck zu machen, wenn es noch Winter ist und der harte, gefrorene Boden noch keinen Lebensraum für das Neue bietet. In diesen Zeiten ist es besser, entspannt zu bleiben, zur Ruhe zu kommen und die Dinge einfach geschehen zu lassen. Abwarten und Tee trinken. Der neuen Zeit mit Gelassenheit und Spannung entgegensehen. Und dann losgehen, wenn der Frühling kommt und sich zur Fülle des Lebens im Sommer entfaltet.

Am vierten Tag der Woche versuche ich bewusst auf den »inneren Rhythmus« zu hören: Ich will versuchen, zu erspüren, was jetzt zum Leben kommen will und was besser noch warten muss. Das können Projekte, aber auch Beziehungen sein. Häufig versuche ich auch an

diesem Tag, mir Notizen über aktuelle Themen zu machen und Vorträge vorzubereiten. Ich versuche, für die Stimme meines Körpers sensibel zu sein, der besser als mein Kopf weiß, wie viele Energiereserven noch zur Verfügung stehen. Und ich versuche, auf die leise Stimme Gottes zu hören, der den besseren Überblick darüber hat, welche Dinge langfristig wichtig sind. Es ist ein Tag des Fragens, des Hörens und des Spürens, aber auch des Wahrnehmens, Notierens und Festhaltens. Ein wunderschöner Tag.

Den Alltagsrhythmus finden

Die Gegenwart ist die einzige Zeit, die uns wirklich gehört.
(BLAISE PASCAL)

Ich liebe wohltuende Rhythmen. Und damit bin ich nicht alleine – der Schöpfer liebt diese Rhythmen auch und hat sie in unterschiedlicher Weise geschaffen: Als Ebbe und Flut, Tag und Nacht, Sommer und Winter, und so weiter. Früher habe ich die Menschen in den Tropen immer bemitleidet, weil es dort zwar immer kuschelig warm ist, niemals frostig oder nasskalt (höchstens nass-schwül), aber keine Abwechslung der Jahreszeiten gibt, wie wir sie kennen. Mittlerweile bin ich eines Besseren belehrt worden. Es gibt dort zwar keine Jahreszeiten in unserem Sinn, aber selbst in dieser Region gibt es Wechsel und Wiederkehr. Wiederkehrend ist zum Beispiel der Regen um die Mittagszeit. Fast täglich gibt es – zwischen ein und drei Uhr – einen Wolkenbruch, der etwa zwanzig bis dreißig Minuten dauert und dann den Himmel wieder frei gibt. Ausgenommen davon ist die Regenzeit. Da regnet es nicht nur mittags, sondern morgens, mittags, abends und natürlich auch nachts.

All das habe ich während eines Auslandssemesters in Singapur kennen gelernt. Die Stadt liegt so nahe am Äquator, dass die Sonne im Eiltempo auf- und untergeht und die Menschen süchtig nach Klimaanlagen sind, die ihre nass geschwitzten Hemden auch noch kühlen – ein für mich völlig unverständliches Verhalten.

Aber ich habe dort gelernt, meinen Tagesplan nach dem Rhythmus der Natur auszurichten. Mittags, wenn es regnete, habe ich gelesen oder mit Freunden Tee getrunken, um dann nachmittags, wenn es wieder sonnig war, im Schwimmbad der Uni ein paar Runden zu drehen oder die Stadt und Umgebung näher zu erkunden. So wie ich mich dort dem Rhythmus der Natur angepasst habe, versuche ich das auch hier zu tun.

Als Selbständige genieße ich den absoluten Luxus, keine festen Arbeitszeiten einhalten zu müssen und so lange schlafen zu können, wie mein Körper es braucht. Erstaunlicherweise wache ich auch ohne Wecker an etwa 340 Tagen im Jahr zwischen 6 und 7 Uhr auf und beginne den Tag mit einigen Minuten auf dem Trampolin, einer warmen Dusche und einer großen Tasse Milchkaffee, die ich trinke, während ich mir Zeit zum Gespräch mit Gott nehme oder einige inspirierende Gedanken lese. Es tut mir gut, jeden Tag auf die gleiche Art und Weise zu beginnen – mit Ausnahme des Sonntags, wo ich tatsächlich manchmal morgens joggen gehe. Manchmal.

Mein Arbeitstag beginnt mit einem Blick auf die To-Do-Liste, die ich meistens am Abend vorher schreibe. Dann stürze ich mich, weil ich ein kommunikativer Mensch bin, auf den E-Mail-Posteingang. Richtig schwer fällt es mir, mittags eine echte Pause einzulegen. Das liegt zum einen daran, dass ich sehr gerne arbeite, und zum anderen, dass es wenig Spaß macht, nur für eine Person zu kochen. Bei sonnigem Wetter ist das leichter. Dann verlasse ich das Büro, kaufe mir etwas Gesundes zu essen und setze mich mit einem Buch oder einigen Zeitschriften in den kleinen Park in meiner Nähe, der den Namen »Park« eigentlich nicht verdient, aber trotzdem nett ist – und vor allem weit weg von meinem Computer!

Am Ende des Arbeitstages schreibe ich mir noch die Dinge auf, die für den nächsten Tag anstehen, sofern ich das nicht schon im Laufe des Tages gemacht habe. Und nach der Arbeit brauche ich aktive, körperliche Tätigkeit, um umschalten zu können. Wie an anderer Stelle beschrieben, höre ich dann laut Musik, putze eine Ecke meiner Wohnung, räume kurz auf und freue mich dann auf das, was der Abend noch bringt. Und am Ende des Tages, kurz vor dem Schlafengehen, setzte ich mich für ein paar Minuten auf mein großes, rotes Sofa, denke über den Tag nach, schreibe mir vielleicht noch ein paar

Notizen in mein Erfolgs- und Danke-Buch und lege betend den Tag in Gottes Hand zurück.

Egal wie der berufliche Alltag strukturiert ist und was die persönlichen Stärken und Schwächen sind: Gesunde Rhythmen können helfen, dem Leben Stabilität und Halt zu geben, nicht wie eine Zwangsjacke, sondern eher wie ein Skelett, das den flexiblen Körperteilen Halt und Stütze gibt.

Gerade Menschen, die ihr Leben als sehr stressig und intensiv empfinden, werden es als wohltuend erleben, wenn sie bestimmte Rhythmen und Muster in ihren Alltag einbauen. Viele Menschen tun das ohnehin: Eine Zeit der Stille und Besinnung, bevor der Alltag losgeht. Das täglich gleiche Frühstück, das Buch vor dem Einschlafen, die Zeitung auf dem Weg zur Arbeit, der Einkauf auf dem Markt am Samstagvormittag und so weiter. All diese kleinen Wiederholungen bringen Ruhe und Gelassenheit ins Leben.

Manche dieser Rhythmen muss man bewusst trainieren. Ich neige eher dazu, zu viel zu tun als zu wenig. Deshalb ist es für mich ein absolutes Muss, Pausen in meinen Tagesrhythmus einzuplanen. Ich habe sogar schon darüber nachgedacht, mir per E-Mail einen Erinnerungsservice zu abbonieren, der mich in regelmäßigen Abständen daran erinnert, dass ich aufstehen, meine Knochen bewegen und Muskeln dehnen und etwas trinken und fünf Minuten Pause machen sollte. Aber das würde vielleicht doch ein bisschen zu weit gehen.

Für andere Menschen ist das ganz anders. Eine Freundin, die nachmittags einem Teilzeit-Job nachgeht, hat mir vor kurzem erzählt, wie schwierig es für sie ist, die Vormittage sinnvoll zu füllen. Obwohl sie gerne eine Menge Dinge lernen möchte, neigt sie dazu, die Vormittage zu vertrödeln und dann trotz der vielen Zeit, die ihr zur Verfügung steht, doch noch irgendwie in Hektik und Panik zu geraten. Für sie ist es wichtig, ihren Tag so zu planen, dass die Dinge, die sie erreichen möchte (zum Beispiel eine neue Sprache oder Tanztechnik lernen), fest in den Alltagsablauf integriert werden.

Wir haben alle unsere Schwachstellen. Meine Schwachstelle ist die Mittagszeit, in der ich häufig vergesse, eine Pause zu machen. Für andere ist es der Morgen, an dem sie nicht in Gang, der Nachmittag, an dem sie nicht von der Arbeit loskommen oder der Abend, an dem sie nicht zur Ruhe kommen.

In jedem Fall kann es helfen, bestimmte Tagesmuster fest einzubauen. Dem Morgenmuffel kann es helfen, wenn er schon am Abend vorher die Kleidung für den nächsten Tag herausgelegt, die Kaffeemaschine mit Wasser gefüllt oder den Frühstückstisch gedeckt hat. In England gibt es sogar Wecker, die so programmiert sind, dass sie fünf Minuten vor dem Klingeln selbständig eine Tasse Tee aufbrühen. Das sollte jeden wach kriegen!

Dem Mittagsmuffel kann es helfen, sich einen Wecker zu stellen, der daran erinnert, dass Zeit für eine Pause ist, wenn nicht der knurrende Magen diese Aufgabe übernimmt. Der Mensch mit Nachmittags-Tief kann in die »schlechte« Zeit Aufgaben legen, die wenig Denken, aber körperliche Aktivität erfordern, zum Beispiel die Ablage wegzusortieren oder eine Unterlage zu Kollegen zu bringen.

Demjenigen Menschen, der nicht von der Arbeit loskommt, kann es helfen, »Abschiedsrituale« einzuüben, zum Beispiel den Schreibtisch aufzuräumen, um sich selbst zu signalisieren: »Jetzt ist genug für heute!«, oder die To-Do-Liste für den nächsten Tag zu schreiben, um sich zu zeigen: »Das muss ich heute nicht mehr machen. Morgen ist ja auch noch ein Tag!« Und der Abend-Hektiker kann es sich zur Angewohnheit machen, einen Schlaftrunk zu trinken (Tipp: kein Alkohol, der macht zwar schnell müde, verhindert aber Tiefschlaf) oder ein Dank-Ritual einzuüben und vor dem Einschlafen noch an einen schönen Moment des Tages zurückzudenken.

Egal wo die persönlichen Schwachpunkte liegen: Es kann nicht schaden, noch einige weitere gute Angewohnheiten einzuüben. Es dauert in der Regel sechs Wochen, bis man sich eine neue Angewohnheit antrainiert hat. Der gute Vorsatz: »Ich mache ab heute täglich pro Stunde eine einminütige Pause, in der ich mich strecke und dehne« alleine nützt nichts. Man muss sich (zum Beispiel mit Klebezetteln) selbst daran erinnern, diese neue Angewohnheit so lange zu trainieren, bis sie zur zweiten Natur geworden ist. Dann wird man ganz es ganz automatisch tun. Was mich daran erinnert, dass es jetzt wieder Zeit für eine Stretching-Pause ist. Also einmal deeeeeeehnen.

Tipps

Es gibt im Internet jede Menge hilfreiche kostenlose Abos, die zum Beispiel:

- ans Wassertrinken erinnern » www.trinkberater.de
- Organisationstipps geben » www.simplify.de
- täglich ein Zitat zum Nachdenken verschicken » www.zitate.de
- täglich eine Englisch-Vokabel vermitteln » www.vokabelmail.de
- zum Lachen bringen » www.witz-des-tages.de

Es kann für Leute, die viel am Computer sitzen, hilfreich sein, sich solche Newsletter zu abonnieren, um daran erinnert zu werden, Pausen zu machen oder sich einen Moment Zeit zum Nachdenken oder Lernen zu nehmen.

Fragen zum Weiterdenken

Welche regelmäßigen, wohltuenden Angewohnheiten habe ich bereits in meinen Tagesablauf integriert?

....
....
....

Was sind meine persönlichen Schwachpunkte im Tagesverlauf?

....
....
....

Welche wohltuenden neuen Angewohnheiten möchte ich einüben?

....
....
....

Mein Entschluss

Ich will meinen Tagesablauf wohltuender und effektiver gestalten, indem ich...

....
....
....

Wochen- und Monatsrhythmen finden

*Das Jahr geht weiter, und ehe man sich versieht,
ist für die Tulpen, die man im Herbst nicht gesetzt hat,
die Zeit gekommen, nicht zu blühen.*
(BIANKA BLEIER)

Bei meinen Freunden ist Freitag immer Pizza-Abend. Ihre Wohnung ist an diesem Abend für alle Freunde der Familie offen. Jeder bringt etwas mit. In der Küche wird der Pizzateig fantasievoll belegt. Nebenan im Wohnzimmer läuft ein Video, im Flur sind Menschen ins Gespräch vertieft. Im Büro sitzen einige Gäste auf dem Fußboden und singen. Auf dem Balkon hört eine Frau einer Freundin zu, die gerade in tiefen Problemen steckt, und betet für sie. Für die Kinder der Familie ist Freitag der Höhepunkt der Woche. Sie lieben den Trubel und freuen sich, viele ihrer Freunde zu sehen, aber sie lieben besonders die Nacht von Freitag auf Samstag. Die ganze Familie schläft zusammen auf dem riesigen, flauschigen Wohnzimmerteppich. Eng aneinandergekuschelt schmiegen sich die Eltern und fünf Kinder aneinander. Und Samstag ist zur Krönung dann noch »Nutella-Tag«: Nur an diesem Tag gibt es den heiß geliebten Schokoaufstrich zum Frühstück.

Diese Familie hat schon in einem halben Dutzend unterschiedlicher Ländern gelebt, aber die Rituale und Rhythmen, die die Eltern in das Familienleben eingebaut haben, geben den Kindern trotz der

wechselnden Umgebung und der vielen Dienstreisen des Vaters ein Gefühl von Geborgenheit und Sicherheit. Mich begeistert das. Die Kinder lernen, dass es nicht immer alles gleichzeitig gibt. Aber sie erleben auch, dass das Leben regelmäßig besondere Dinge für sie bereit hält und können sich schon Tage vorher darauf freuen.

Ich selbst freue mich schon Freitagabend auf die frischen Brötchen, die ich mir nur samstags gönne (oder als Belohnung, wenn ich an einem Wochentag joggen war). Ich freue mich auf den Einkauf auf dem Markt am Samstag ebenso, wie ich mich schon am Sonntag auf den Montag freue, weil es der Tag ist, an dem ich mir Zeit zum Schreiben neuer Texte, Bücher und Artikel nehme – für mich kann eine Woche kaum schöner anfangen. Die Vorfreude zählt zu den schönsten Freuden im Leben. Aber Vorfreude kann man nur empfinden, wenn man ungefähr weiß, was geschehen wird.

Die Vorfreude auf das Vertraute ist ganz anders als die Freude auf Neues. Ich liebe es, Neues zu erleben, neue Stadtteile zu erkunden und neue Menschen kennen zu lernen. Ohne die Inspiration durch das Neue würde ich innerlich vertrocknen. Aber gerade auch weil mein beruflicher Alltag davon gekennzeichnet ist, dass es ständig etwas Neues gibt, brauche ich die Sicherheit, die mir vertraute Gegenden, Rituale und Menschen bieten.

Ohne wiederkehrende Ereignisse und Begegnungen reiht sich das Leben aneinander wie lose Bilder ohne inneren Zusammenhang. Täglich grüßt das Murmeltier.[8] Erst ein gesunder Rhythmus und Rituale, die wiederkehren, helfen, der Vielfalt, die auf uns einstürmt, Form und Gestalt zu geben. Die meisten Menschen haben Lebensrhythmen, sind sich dessen aber häufig nicht bewusst und können so die Kraft, die darin steckt, nicht vollständig ausschöpfen. Eine Freundin von mir spielt jede Woche mit Freunden Badminton und freut sich schon Tage vorher auf dieses Gehetze und Gerenne und das gemütliche Bier danach. Für andere gehört der Samstagseinkauf am Markt ebenso zu den wohltuenden Wochenritualen wie ein paar Stunden Zeit zum Entspannen am Wochenende oder die Aktivitäten am Samstagabend.

Fast jeder Mensch hat solche regelmäßigen Aktivitäten in den eigenen

---

[8] In dem Film »Und täglich grüßt das Murmeltier« wird ein Journalist dazu »verdammt« täglich die gleiche Szene zu erleben: die Ankunft eines Murmeltieres, das das Ende des Winters ankündigt.

Wochenplan integriert. Aber viele Menschen empfinden diese Ereignisse nur als Termine, die sie einhalten müssen. Sie erkennen nicht, dass ihre wöchentliche oder monatliche Wiederkehr dem Leben wohltuende, strukturierende Ordnung verleiht. Selbst regelmäßige, unangenehme Arzt-Termine kann man als Gelegenheit begreifen, sich Zeit zum Lesen und Blättern in Zeitschriften zu nehmen, deren Lektüre man sich sonst kaum gönnen würde.

Für mich gibt es neben den wöchentlich wiederkehrenden Ereignissen und Arbeiten auch einige »Monatsereignisse«. Die sind aber nicht so regelmäßig, sondern bewusst geplante Aktivitäten. Das sind dann »größere« Dinge wie ein Konzert oder eine besondere Veranstaltung. Wann immer ich in einem Café bin, nehme ich mir die ausliegenden Veranstaltungshinweise mit. Es gehört zu meinen Lebensgrundsätzen, dass ich wenigstens einmal pro Monat etwas Besonderes erleben möchte: ein Konzert oder eine besondere Veranstaltung. Das kann so unterschiedlich sein wie ein Jazz-Konzert, eine Schifffahrt auf der Havel, eine Radtour oder eine ungewöhnliche kulturelle Veranstaltung. Die Hauptsache für mich ist, dass es sich bei dieser Aktivität um nichts Alltägliches handelt, sondern sie ungewöhnlich genug ist, dass ich mich am Ende des Jahres noch gut daran erinnern und darüber freuen kann, dass ich so etwas Besonderes erlebt habe.

Fragen zum Weiterdenken

Welche wohltuenden regelmäßigen Aktivitäten sind in meinem Wochenplan bereits fest eingebaut?

....
....
....

Welche neuen Aktivitäten würde ich gerne regelmäßig ausüben?

....
....
....

Mit welchem Menschen könnte ich gemeinsam eine neue Wochentradition beginnen?

....
....
....

Welche besonderen und außergewöhnlichen Aktivitäten will ich in den nächsten drei Monaten einplanen?

....
....
....

Mein Entschluss

Ich will meine Wochen / meine Monate wohltuender und effektiver gestalten, indem ich...

....
....
....

Längerfristige Rhythmen finden

*Wenn du nicht weißt, wohin du gehst,
wirst du garantiert woanders ankommen.*
(LAURENCE PETER)

Ich mag Weihnachten, weil ich weiß, dass ich dann meine Eltern und meine Geschwister mit ihren Partnern sehe. Und ich weiß, dass alle Jahre wieder mit einem ähnlichen Ablauf zu rechnen ist: Gottesdienst an Heiligabend, gutes, leichtes Essen, Bescherung und gemütlicher

Ausklang bei einem guten Glas Wein. Und am nächsten Tag dann meine Lieblingszeit: Nach gutem Essen und Mittagsschlaf versammelt sich die ganze Familie vor dem Kamin, obwohl es dort nur ein Sofa mit zwei Sitzplätzen gibt. Im Hintergrund läuft klassische Musik. Jeder liest in den neuen Büchern, die er oder sie geschenkt bekommen hat. Ab und zu liest man sich besonders interessante Abschnitte vor oder einer unterbricht das Lesen mit der Frage: »Machst du Kaffee?« Es ist gemütlich, vertraut und verbindend. Ich finde das wunderschön.

Schon als Kind habe ich – trotz meiner Begeisterung für Neues – auch die Wiederkehr des Vertrauten geliebt. In meiner Schulzeit sind wir etwa sieben Jahre hintereinander an den gleichen Ort zum Skifahren gefahren. Die Pension, in der wir übernachtet haben, war eher schlicht, aber ich liebte die Vertrautheit und das Gefühl der Heimat, das sie ausstrahlte. Ich kannte die sehnigen Hände des Gastwirts, der in seiner Freizeit wunderschöne Holzfiguren schnitzte, und seine knubbelige, warmherzige Frau, die immer in ihrer weißen Kittelschürze in der Küche stand. Ich kann mich bis heute an den Geruch ihres Hauses und den Geschmack ihrer Erdbeermarmelade erinnern. Ich habe die einzelnen Biegungen der Abfahrt vor Augen, die von der Pension aus, an der Fischburg vorbei, zur Talstation der Gondel führte. Besonders gerne denke ich an das Skigebiet Paradiso im Schatten des Lankofel-Massivs, dessen wunderschöne Landschaft ich besonders liebte, obwohl ich mir dort einmal bei einem Sturz ganz unparadiesisch den Arm brach.

Wie Ebbe und Flut brauchen wir im Leben den Wechsel zwischen Gleichbleibendem und Neuem, sowohl im Kleinen als auch im Großen. Deshalb gibt es Feste und Feiern, Valentinstag und Geburtstage, Ostern und Erntedank, Hochzeitstage und den 1. Mai. Wir Menschen sind so geschaffen, dass wir unser Leben durch wiederkehrende Feste und Ereignisse markieren und ihm Halt geben wollen. Das tun Menschen aller Zeitalter und Kulturen, natürlich nicht mit den immer gleichen Festen.

Jede Familie, jeder Mensch schafft sich darüber hinaus auch seine eigenen Jahreshöhepunkte. In mein Leben habe ich einige große wiederkehrende Elemente eingebaut, die wie Ankerpunkte sind. Täglich, wöchentlich und monatlich habe ich kurze oder etwas ausführlichere Planungs- und Reflexionszeiten in mein Leben verankert, die dafür sorgen, dass mir das Leben nicht aus den Händen gleitet. Im Buch des

Propheten Jeremia (Kapitel 31,21) gibt Gott seinen Leuten folgende Empfehlung: »Richte dir Wegweiser auf, setze dir Wegzeichen, richte dein Herz auf die Straße, auf den Weg, den du gegangen bist!« Das ist ein Ratschlag voller Weisheit. Wer nicht reflektieren und auf das bereits Erreichte zurückschauen kann, wird schnell zum getriebenen Menschen. Die meisten Menschen denken am liebsten in der Abgeschiedenheit über ihr Leben nach. Aber manchmal kann auch ein guter Freund oder eine Freundin bei der Reflexion durch kluge Fragen helfen, ungesunden Lebensmustern auf die Spur zu kommen.

Neben den »kleinen Denkzeiten« sind es vor allem die zweimal jährlichen Planungs- und Reflexionszeiten, die meinem Leben Halt geben. Ich ziehe mich dafür in das stille Gästehaus eines ehemaligen Klosters zurück. Dort lese ich mir durch, was ich bei der vorausgegangenen Reflexionszeit aufgeschrieben habe, welche meiner Ziele ich erreicht habe und welche nicht. Meistens gehe ich dann lange in der wunderschönen, von Wäldern und Seen durchzogenen Gegend spazieren und rede mit Gott über meine Erfolge und Misserfolge, über die Dinge, die mich traurig oder glücklich machen, und die Sorgen, die mich quälen.

Wenn ich an die vergangenen Jahre zurückdenke, so sind diese »stillen Wochenenden« wie Berge, die aus dem Flachland des Alltags herausragen und mir auch im Rückblick Halt und Orientierung geben, weil ich in der Regel in diesen Tagen des Nachdenkens Lebensmuster und Probleme klarer erkenne als im gut gefüllten Alltag. Manchmal waren es auch die kleinen Erlebnisse während dieser stillen Tage, die einen großen Eindruck in mir hinterlassen haben.

Zu einer Zeit, in der mein Leben von vielen Anforderungen geprägt war, ich nicht wusste, wie ich all dem nachkommen sollte und mich sehr gestresst fühlte, habe ich mir so ein stilles Wochenende gegönnt. Doch in mir war es alles andere als still. Die Monate zuvor hatte ich beruflich und privat in einem solchen Tempo gelebt, dass es fast unmöglich war, zur Ruhe zu kommen. Alles in mir war auf Aktivität und Leistung eingestellt. Kurz vor einem Spaziergang hatte ich gehört, dass jemand davon schwärmte, wie viele Steinpilze es in diesem Jahr gäbe. »Klasse«, dachte ich mir. »Die muss ich finden.« Also versuchte ich, Pilze zu finden. Ich kroch unter Bäume und Büsche, geriet immer tiefer ins Unterholz und zerkratzte mir Gesicht und Arme – ohne einen einzigen essbaren Pilz zu finden.

Nach einer Weile war es mir, als ob Gott leise zu mir sagen würde: »Kannst du nicht endlich damit aufhören?« Und nach einer kleinen Pause: »Ich weiß, wo die besten Pilze stehen!« Es dauerte eine ganze Weile, bis ich den »Ich-muss-jetzt-Pilze-finden-Turbo-Gang« in mir auf normales Tempo heruntergeschaltet hatte und es genießen konnte, einfach nur so zu laufen, auf einem sonnenbeschienenen Holzstapel zu liegen und in den Himmel zu sehen, Pferde zu füttern, in einem schaukelnden Boot zu sitzen und meinen Gedanken nachzuhängen.

Auf dem Rückweg sah ich in einem Busch eine kleine Feder, die in ein Wäldchen zu zeigen schien. »Vielleicht will Gott mir zeigen, dass da Pilze sind«, dachte ich spontan, verwarf diesen »albernen« Gedanken zwar sofort wieder, aber ging trotzdem in die Richtung, die die kleine Feder zeigte, um vorsichtshalber einmal nachzusehen. Nach weniger als einer Minute hatte ich die erste Marone in der Hand und noch eine und noch eine und noch eine – und einige Steinpilze. Schließlich waren es so viele, dass ich sie nicht mehr in beiden Händen halten konnte, deshalb legte ich sie auf ein Häufchen am Boden und suchte weiter. Plötzlich wurde mir bewusst: »Wenn ich die Pilze jetzt schon nicht tragen kann, wie soll ich die nur nach Hause bringen? Da habe ich ein echtes Problem!« »Gott, da musst du mir helfen!« dachte ich halb, halb betete ich es. Als ich mich umdrehte, entdeckte ich einen dieser großen faltbaren Plastikkörbe, den jemand dort offensichtlich vergessen hatte. »Der ist sicher kaputt«, fuhr es mir durch den Kopf. Aber als ich hinging, um nachzusehen, war er in Ordnung und bald hatte ich meine reiche Ausbeute – insgesamt sieben (!!!) Kilo Steinpilze und Maronen – darin verstaut und zog glücklich wie eine Lottogewinnerin zurück zu meinem Zimmer.

Ich hatte nicht nur herrliche Pilze gefunden, sondern vor allem eine neue Erkenntnis gewonnen. Es gibt Dinge, die man mit aller harten Arbeit nicht erreichen kann. Geschenke des Lebens, die man nicht entdeckt, wenn man hektisch und gestresst durchs Leben rennt, sondern nur, wenn man sich die Zeit für Stille nimmt und offen wird, sich von der leisen Stimme Gottes führen zu lassen. Dann kehrt man als reich beschenkter Mensch wieder nach Hause zurück.

Fragen zum Weiterdenken

Welche regelmäßigen Ereignisse/Veranstaltungen habe ich in meiner Kindheit besonders geliebt?
....
....
....

Welche regelmäßigen Ereignisse/Veranstaltungen geben mir jetzt das Gefühl von Sicherheit und Geborgenheit?
....
....
....

Welche Freunde können für mich wie »Markierungspunkte« auf meinem Weg sein, die mir bei der Reflexion und Bewertung meines Lebens helfen?
....
....
....

Mein Entschluss

Ich will mein Jahr sinnvoller und schöner gestalten, indem ich...
....
....
....

Leben entdecken

Ein Wort
So soll es sein
Entkorkte
Sektsprudelnde Leidenschaft
Blubbern
Flattern
Fliegen
Zwitschern
Ozeane und Himmel
Voller Leben
Die Explosion der Fülle
Gezündet durch das eine Wort
»So soll es sein«
entfaltet sie sich in
Farben und Formen
Deren Vielfalt
Sich dem Diktat der Worte
Verweigert
Und nur dem
Erschließt
Der eintaucht
In die Fülle
Und hinein fliegt

Tag 5
Sprudelndes Leben

Und Gott sprach: Es sollen die Wasser vom Gewimmel lebender Wesen wimmeln, und Vögel sollen über der Erde fliegen unter der Wölbung des Himmels! Und Gott schuf die großen Seeungeheuer und alle sich regenden lebenden Wesen, von denen die Wasser wimmeln, nach ihrer Art, und alle geflügelten Vögel nach ihrer Art. Und Gott sah, dass es gut war. Und Gott segnete sie und sprach: Seid fruchtbar und vermehrt euch, und füllt das Wasser in den Meeren, und die Vögel sollen sich vermehren auf der Erde! Und es wurde Abend, und es wurde Morgen: ein fünfter Tag.
(Genesis 1,20–23)

Der Schöpfer sprach: »Das Leben soll überfließen!«

Und er schuf Vögel, die überall durch den Himmel zischten und der Ozean blubberte und vibrierte von einer Vielzahl von Fischen, die sich ihr neues Element zu Eigen machten.

Dieser Schöpfungstag sprudelt vor Leben. Die schöne, geordnete und harmonische Welt wird mit Leben gefüllt. Es blubbert und planscht, flattert und fliegt. Tausende von Vögeln und Meerestieren erkunden voller Neugierde den neuen Lebensraum. Sie lernen zu fliegen und zu zwitschern, zu schwimmen und zu tauchen. Dieses explosiv-glückliche Leben sprengt fast den Behälter, in dem es sich befindet. Das Lied der Schöpfung klingt aus 1000 Kehlen und die Wale sprühen in Fontänen den Takt dazu.

Tag fünf ist ein Tag der Lebens-Entdeckungen. Mein Leben braucht nicht im Gewohnten stecken zu bleiben, sondern kann immer wieder neue Facetten entdecken. Das gilt für mein Leben im Allgemeinen wie auch in Bezug auf meine Gotteserfahrung. Ich habe einen Kalender, auf dem für jeden Tag, 365 Tage im Jahr, ein anderer Name aus der Bibel steht, der Gottes Charakter und Wesen beschreibt. Heute steht da »Gott der Gerechtigkeit«, gestern stand »Gott der Treue und Wahrhaftigkeit« auf dem Kalenderblatt. Wenn ich mir täglich fünf Minuten Zeit nehme, um über einen dieser Namen und die Wesenszüge Gottes nachzudenken, habe ich in zwölf Jahren gerade mal eine Stunde über jeden dieser Aspekte nachgedacht: über seine Güte, Liebe, Kreativität, Geduld usw. – kaum genug, um nur in Ansätzen zu erahnen, was diese Worte und Begriffe beinhalten.

Wer Glaube nicht als Befolgen starrer Regeln, sondern als Einladung zur Begegnung mit dem Lebensspender schlechthin begreift, wird vielfältige und interessante Gottesbegegnungen erleben. Diese Begegnungen werden sich auf den Menschen so auswirken wie das bunte Licht von Kirchenfenstern, das farbige Schatten auf diejenigen wirft, der sich die Mühe macht, die bunten Bilder und Geschichten aus der Nähe zu betrachten.

Am Tag fünf freue ich mich auch, dass ich in meiner Welt Neues entdecken kann. Diese wunderbare, bunte Welt wurde auch als Lebensraum für uns Menschen geschaffen. Wir können im Wind stehen und die Würze des Bodens und der Bäume riechen, wir können auf Gipfel klettern und das Panorama bestaunen oder in die Tiefen des Meeres eintauchen und die Farben und Formen von Meeresfischen, Riffen und Korallen bewundern.

Meistens reicht das Geld nicht, um weit weg zu fahren und die »großen« Wunder zu entdecken. Aber auch in meiner »kleinen« Welt gibt es viel zu erkunden. Am Tag fünf erlaube ich mir mehr als sonst, zu leben und Dinge zu tun, die ich besonders gerne mag.

Es kann sein, dass ich Orte erkunde, an denen ich noch nie war. Ich gehe gerne in neue Coffee-Shops, Kneipen oder Museen. Manchmal nehme ich mir auch die Zeit eine Ecke meiner Stadt oder der Umgebung zu erforschen, die ich noch nicht kenne. Meine Heimatstadt Berlin ist zum Glück so vielseitig und im ständigen Wandel, dass ich selbst nach mehr als zehn Jahren Leben in dieser Stadt immer wieder auf neue, mir unbekannte und überraschende Orte stoße. Neues zu entdecken ist für mich spannend und aufregend und bedeutet für mich, dass ich das Leben pur genießen kann.

Gelegentlich bin ich an diesem Tag verschwenderisch. Ich kaufe mir Dinge, die ich mir sonst nicht so leicht gönne. Das kann etwas besonderes zu essen sein, eine neue CD oder ein tolles, verrücktes Kleidungsstück. Fülle des Lebens. Ein Tag voll Jubel für den Schöpfer. Manchmal singe oder tanze ich dem Schöpfer an diesem Tag Komplimente zu. Aber häufig genieße ich einfach nur die Vielfalt, die das Leben bietet. Ich glaube, dass es kaum etwas gibt, was den Schöpfer und seine Geschöpfe mehr freut, als wenn Menschen das Leben, das er ihnen geschenkt hat, voll ausleben und genießen können.

Leben entdecken

Man lernt das Leben am besten kennen,
wenn man viele Dinge liebt.
(UNBEKANNT)

Gerade sitze ich in einem Café in Kreuzberg, einem der pulsierenden Multi-Kulti-Stadtteile Berlins. Ich bin hier, weil gerade Jazzfestival ist und man an jeder Straßenecke einer anderen Band zuhören kann und alle Sprachen der Welt auf der Straße hört. Ich bin gerne hier, weil es hier den besten Milchkaffee Berlins gibt – ganz zu schweigen von marokkanischem Cous-Cous, libanesischer Falafel, ägyptischem Schawarma, asiatischen Riceballs, karibischen Cocktails und dem unschlagbaren Karottenkuchen (3000 Kalorien pro cm²) bei Barcomis, dem winzigen Café am Ende der Straße.

OK, der Uralt-Schlager »YMCA«, den die Band in meiner Hörweite gerade spielt, gehört nicht gerade zu meinen Lieblingssongs. Aber was macht das schon, wenn man überall Menschen sieht, die lachen, Kinderwagen oder Schwangerschaftsbäuche vor sich herschieben, flirten, Kaffee trinken, und leidenschaftlich kaufen und verkaufen?

Was macht das schon, wenn man mit einem Obdachlosen eine Tüte gebrannte Mandeln teilt, wenn Leute auf der Straße tanzen und der Sommerhimmel über einem lacht?

Vor dem Straßenfest war ich noch eine Weile im Willi-Brandt-Haus, der Parteizentrale der SPD, die sogar einen Fan-Shop beherbergt. Dort kann man die berühmten roten Schals ebenso kaufen wie rote Feuerzeuge mit dem Logo der Partei, rote Kaffeekannen und jede Menge sonstige Merchandising-Artikel. Eine wahre Fundgrube für alle, die ihre politischen Überzeugungen sichtbar machen wollen und dazu beitragen möchten, die chronisch leeren Parteikassen zu füllen. Beim Blick in die Schaufenster habe ich mich zwar über diese zur Schau getragene Parteilichkeit amüsiert, aber es hat mich keineswegs zum Kaufen motiviert, obwohl ich rot als Farbe durchaus mag.

Politisch bin ich – im Gegensatz zu meinem Privatleben – kein sehr treuer Mensch: Mein Wahlverhalten ist eher von meiner Tageslaune, dem Zeitgeschehen und einzelnen aktuellen Themen abhängig als von einem Gefühl der Zugehörigkeit zu einer bestimmten Partei. Ich habe sogar bei meiner ersten Wahl im Alter von 19 Jahren einer Seniorenpartei meine Stimme gegeben, weil ich mich damals für keine der anderen Parteien entscheiden konnte und die Senioren als engagiert und mutig empfand. Sie haben es trotz meiner Unterstützung nicht über die Fünf-Prozent-Hürde geschafft. Jetzt versuche ich bei Wahlen meine Stimme etwas überlegter einzusetzen.

Aber ich war auch nicht aus politischen Gründen in der Parteizentrale, sondern um mir die Ausstellung des World Press Award 2004 anzusehen. Dieser Preis wird jedes Jahr für die besten Pressefotos des vorausgegangenen Jahres vergeben. Einige der prämierten Bilder waren skurril bis humorvoll: So der Kopf des Kapitäns einer Rugbymannschaft, der zwischen den Beinen von einem guten Dutzend Spieler eingeklemmt war und der etwas hilflos aus der Wäsche, beziehungsweise den bestrumpften Männerbeinen hervorschaute. Oder das Foto einer indischen Verwaltungsbeamtin, die vor einer Wand voll von unordentlich gebündelten Papieren saß – ich konnte mich nicht entscheiden, wer lebloser wirkte: sie oder die verstaubten Papierstapel – skurril wirkte es allemal.

Andere Fotos waren eher bedrückend. Sie zeigten die Schauplätze von Krieg und Gewalt im Jahr 2003: Irak, Liberia, Israel... Man sah triumphierende Soldaten, zerstörte Häuser, weinende Kinder, einen Jungen mit abgerissenen Armen in einem irakischen Krankenhausbett, dessen Tante ihm sanft über die Stirn streichelte. Man sah Leichen in Massengräbern, aber auch Portraits der politischen Machthaber, die über das Schicksal vieler Menschen entscheiden.

Auch abseits des großen Weltgeschehens leiden die Menschen. In der chinesischen Provinz Henan haben die bitterarmen Bauern ihr Blut verkauft. Für einmal Blut spenden, konnten sie sich zwei Sack Dünger kaufen oder für sechs Monate das Schulgeld für eines ihrer Kinder zahlen. Die Kinder leben jetzt in Waisenhäusern, weil ihre Eltern sich an den schmutzigen Nadeln mit dem HIV-Virus infiziert haben und AIDS-krank oder schon gestorben sind. Auf einem der Bilder waren neun Waisenkinder zu sehen, die sich eng aneinander kuschelten, um sich gegenseitig ein wenig Nestwärme zu geben. Auf einem anderen Bild sah man einen Mann, der seine Frau auf Armen trug, oder genauer gesagt das, was der Virus von ihr noch übrig gelassen hat – sie war kaum mehr als ein mit Haut überzogenes Skelett. In den Ausstellungsräumen war es ruhig, fast bedrückt. Kein Mensch sprach, kaum jemand lächelte – die Stimmung war ganz anders als hier in Kreuzberg, wo die Band nach wie vor rhythmischen Rock spielt und die Menschen lachen und tanzen.

Für mich gehört sowohl das Schöne als auch das Traurige zum Leben. Jemand hat einmal gesagt, dass unsere Welt so schön, bunt und lebendig ist, damit wir nicht vergessen, dass sie von einem kreativen Schöpfer geschaffen wurde, aber auch so traurig und voller Leid, damit wir nicht vergessen, dass wir an vielen Stellen die Verbindung zu ihm verloren haben.

Am fünften Tag der Woche genieße ich die paradiesisch schönen Aspekte des Lebens, aber setze mich auch mit Dingen auseinander, die mich daran erinnern, dass auch das verlorene Paradies zu unserer Lebenswirklichkeit gehört. Aber ich genieße das Leben: Nach fünf Tagen, die ich vor allem hinter dem Computer verbringe, sehne ich mich nach Orten, wo das Leben pulsiert: Ausstellungen, visuelle Impulse, Milchkaffee, Lesen, Schreiben, Menschen, Kulturen, Kinder, gutes Essen... Das sind für mich die Grundelemente, die zum »Lebendigsein« dazu gehören.

Ich finde es faszinierend, Menschen und Tiere in ihrer Verschiedenheit zu betrachten. Eine rundliche Dame mit knallrot gefärbten Haaren, eine Frau in buntem Batikkleid, ein Mann mit korrekt sitzendem Barett und Spitzbart, der aussieht wie ein verschmitzt wirkender Verwaltungsbeamter aus der Jahrhundertwende, liefen an mir vorbei während ich schrieb. Dicht dahinter kam eine Lady mit elegantem grauen Kurzhaarschnitt und Kinder, die auf dem Bürgersteig Handstand übten. So unterschiedlich sie aussehen, so unterschiedlich entfaltet sich auch das Leben in ihnen und für sie.

Manche Menschen rennen gerne wild durch den Wald – für sie ist das Lebensfreude pur, für mich ist Schwitzen ohne erkennbaren Grund nur wenig attraktiv. Für andere Menschen bedeutet Lebendigsein, selbst Musik zu machen oder zu tanzen. Für wieder andere bedeutet Leben, in der Sonne im Park zu liegen, auf einer Wasserrutsche zu rutschen, im Whirlpool zu liegen, Kleider zu nähen, Witze zu lesen, Kreuzworträtsel zu lösen, einem Kind eine Geschichte zu erzählen und noch viel mehr.

So wie Schweine sich gerne im Dreck wälzen und Hunde gerne Postboten jagen, gibt es auch bei den Menschen Unterschiede. Das, was den einen glücklich macht, muss für den anderen noch lange keine Befriedigung darstellen. Jeder muss für sich selbst entdecken, was für ihn oder sie zum Lebendigsein dazu gehört. Wir sind, wie wir sind und es ist so, dass uns manche Dinge Freude machen und Kraft geben, andere nicht. Versucht ein Mensch, anders zu leben, als es ihm entspricht, und macht Dinge nur mit, weil sie in bestimmten Kreisen angesagt sind, lebt er gegen den Strich und wird letztlich bei den vermeintlich guten Aktivitäten mehr Energie lassen, als er durch sie gewinnt.

Manchmal versucht man nicht einmal, etwas zu finden, das einen begeistern und mitreißen kann. Ich habe Zeiten erlebt, in denen mein Leben ausschließlich aus Arbeit und Erholung von der Arbeit zu bestehen schien. Darüber hinaus gehende Aktivitäten erschienen mir als zusätzliche Belastung. Erst nach einer Weile habe ich festgestellt, dass es zwar erst einmal etwas Energie kostet, aktiv zu werden, weil man sich dazu irgendwo hinbegeben und etwas tun muss. Aber dafür wird man mit Anregung, Inspiration und Lebensfreude beschenkt, die den »Verlust« an Erholung mehr als ausgleicht.

Versagt man sich dieses Auftanken durch Sport, Inspiration oder Begegnungen, wird man früher oder später unzufrieden. Chronische Unzufriedenheit und Lustlosigkeit können Anzeichen für leere Inspirationstanks sein, die darauf warten, wieder gefüllt zu werden. In einer fast depressiven Phase meines Lebens habe ich einmal gebetet und Gott gebeten, mir zu zeigen, wie ich wieder aus diesem Loch heraus kommen könne. Nach dem Gebet empfand ich, dass er mit einer leisen, fast unhörbaren inneren Stimme zu mir sagte: »Du bist ein Mensch, der Leben und Impulse braucht. Ohne Inspiration vertrocknest du wie eine Orange im Sommer.«

Das ist wahr. Ohne Neues und vor allem viele visuelle Impulse fehlt mir innerlich sehr viel. Seitdem mir das klar geworden ist, versuche ich, darauf zu achten, dass Inspiration und Neues in meinem Leben nicht zu kurz kommen. Mindestens einmal pro Woche will ich etwas Neues kennen lernen und entdecken: ein neues Café, eine Ausstellung, eine für mich neue Ecke meiner Stadt. Diese Woche war ich richtig gut: Ich habe eine Ausstellung des Videokünstlers Nam June Park besucht, und die schon erwähnte Press Award Ausstellung, jetzt sitze ich in einem Café, das ich neu entdeckt habe. Ich höre einer Band zu, die ich noch nie gehört habe und vermute, dass ich sie wohl nie wieder hören werde... was ich nicht unbedingt als Verlust empfinde.

Und ich schreibe. Neben dem Aufnehmen von inspirierenden Impulsen gehört für mich der schriftliche Ausdruck meiner Gedanken und Ideen zu dem, was das Leben für mich lebenswert macht: Ich muss kommunizieren, um mich als lebendig wahrzunehmen. Besonders glücklich bin ich zum Beispiel, wenn ich Seminare halte und Menschen mir eine Frage nach der anderen stellen und ich antworten kann. Am glücklichsten fühle ich mich, wenn Kinder mir Löcher in den Bauch fragen und ich ihnen alles erklären kann, was ich über die Sache weiß, die sie gerade interessiert. Dabei komme ich da natürlich auch an meine Grenzen. Was antwortet man einem Vierjährigen, der fragt: »Wohin geht der Regenbogen, wenn er nicht mehr da ist?«

Wenn gerade keine Kinder oder Seminarteilnehmer da sind, die etwas von mir wissen wollen, dann erzähle ich ungefragt: Ich schreibe fast jeden Tag in meinem Internet-Tagebuch und erzähle von meinem Leben und interessanten Begegnungen oder weise auf ungewöhnliche Internetseiten hin. Wie zum Beispiel die Seite, auf der man Kurzfassungen von

LEBEN ENTDECKEN

Romanen findet, z. B.: »Er begegnet Charlotte auf Reisen. Sie ist verheiratet. Er erschießt sich.« Soweit die Kurzfassung von Goethes »Die Leiden des jungen Werther«. Ich liebe es, merkwürdige Geschichten vom Leben zu erzählen, und tue es gerne. Schreiben ist für mich keine Last, sondern eine Leidenschaft – weil Leben für mich erst dann richtig lebenswert ist, wenn ich es in der einen oder anderen Form mit anderen teilen kann.

Tipps

- An einem Ort in der Wohnung alle Tipps und Infos zu Orten, Events, Ausstellungen und Veranstaltungen, die man gerne einmal besuchen möchte, sammeln – und dann hervorholen, wenn man einen »lebendigen« Tag plant.
- Man kann nicht alles machen. Um Zeit für Dinge zu haben, die einen lebendig machen, muss man manchmal auf anderes verzichten. Erstellen Sie eine Liste von Sachen, die Sie bewusst nicht tun werden, um statt dessen Zeit für »lebendig sein« zu haben (z. B. kochen, putzen...): »Heute koche/putze/telefoniere ich nicht, sondern gehe statt dessen in eine Ausstellung/joggen/tanzen/ins Kino. Ich bin es mir wert.«
- Es hilft, bestimmte Events und Ereignisse in den Terminplan einzutragen, egal ob man schon konkret entschieden hat, ob man an ihnen teilnehmen möchte oder nicht. So stellt man zumindest sicher, dass man diese Ereignisse nicht vergisst.

Fragen zum Weiterdenken

Was gehört für mich zum Lebendigsein dazu?

....
....
....

Was würde ich gerne einmal tun?

....
....
....

Wie kann ich dafür sorgen, dass in meinem Wochenablauf mehr Raum für die Dinge ist, die mich lebendig machen?

....
....
....

Mein Entschluss

Ich will in meinem Leben mehr Raum für »Leben« schaffen, indem ich...

....
....
....

Leben und lieben

*Seine Freude in der Freude des anderen finden
ist das Geheimnis des Glücks.*
(Georges Bernanos)

»Das Leben ist schön« heißt der beeindruckende Film des italienischen Regisseurs Roberto Benigni, der in diesem Werk die Erfahrungen, die sein Vater in einem KZ gemacht hat, verarbeitet. Das Leben ist schön – das mag für den ersten Teil des Filmes ja noch stimmen, in dem die romantische und etwas absonderliche Liebesgeschichte eines italienischen Paares erzählt wird, der ein kleiner Junge entspringt, der ebenso lebensfroh und lustig ist, wie sein immer zu Späßen aufgelegter Vater. All das ist so herrlich komisch dargestellt, dass einem beim Zusehen die Tränen aus den Augen laufen.

Aber kann man das Leben auch dann noch als »schön« bezeichnen, wenn die Familie im zweiten Teil des Films getrennt wird und in einem Arbeitslager landet? Die Antwort Benignis lautet: »Ja«, denn trotz der grauen Umgebung, der bedrückenden Situation und der Freiheitsberaubung bleibt das Leben schön, weil der Vater ein Mensch ist, der lieben kann. Mit Liebe und Fantasie gelingt es ihm, seiner Frau ein Zeichen seiner Liebe zukommen und seinem Sohn das Leben im KZ zu einem spannenden Abenteuer werden zu lassen. Am Ende verliert der Vater sein Leben, aber für den Sohn erfüllt sich ein Traum: Er darf mit einem Panzer fahren und findet seine Mutter wieder.

Das Leben ist schön, wenn wir anderen Menschen Liebe schenken oder selbst geliebt werden, aber in der Hektik des Alltags denken wir häufig nur an die Dinge, die wir erledigen, besorgen und schaffen müssen... und nicht daran, dass wir anderen Menschen Liebe auch ganz praktisch ausdrücken können. Das gute, alte Pfadfindermotto »Pro Tag eine gute Tat!« bleibt da leicht auf der Strecke.

Weil ich so vergesslich bin, habe ich mir auf meine täglichen To-Do-Listen den Stichpunkt »Wichteln« aufgeschrieben. Wichteln ist ein Wort aus Kindertagen, mit dem man Überraschungsgeschenke oder Taten für andere Menschen bezeichnete. Für mich heißt das:

Ich will täglich einem Menschen eine Freude machen... eine nette Mail schreiben, eine Karte schicken, extra viel Trinkgeld geben. Ich will andere Menschen grundlos beschenken, einfach weil das Leben schön ist und noch schöner wird, wenn wir den Menschen um uns herum täglich ein wenig Liebe schenken. Ja, das Leben ist schön!

Gerade Menschen, die gerne und viel arbeiten, müssen sich manchmal bewusst werden, dass die Arbeit nie aufhören wird. Weil es ohnehin immer etwas zu arbeiten geben wird, kann man doch auch gleich eine Pause machen und Zeit mit einem anderen Menschen verbringen.

Heute morgen habe ich mich mit einer Freundin zum Frühstück getroffen. Das tue ich selten, weil die Vormittage in der Regel meine produktivsten Arbeitszeiten sind. Aber sie arbeitet nachmittags in einem Kinderclub in einem bedürftigen Stadtteil Berlins und es war daher nicht so leicht möglich, einen anderen Termin zu finden. Wir haben lange und gut geredet – viel länger als geplant. Für einen kurzen Moment war ich versucht, daran zu denken, dass mir doch jetzt die Zeit für meine Arbeit fehlt – aber dann erinnerte ich mich daran, dass es kaum eine wertvollere »Arbeit« gibt, als Menschen zu lieben, indem man ihnen Zeit schenkt.

Das muss nicht unbedingt nur Gesprächszeit sein. Auch gemeinsame Aktivitäten können sehr verbinden. Ein gemeinsamer Besuch in einem Möbelhaus oder Bekleidungsgeschäft... oder... oder. Viele Menschen fühlen sich einsam und es ist für sie schon ein großes Geschenk, wenn sie von einem anderen Menschen eingeladen werden, bei ganz normalen Aktivitäten dabei zu sein.

Manchmal kann man Zeit auch einfach tauschen. Eine Weile lang war ich Mentorin für eine junge Frau. Sie hatte nur am Samstagmorgen Zeit. Das war genau die Zeit, die damals für mich zum Wohnungsputz reserviert war. Ich wollte sie gerne in ihrer persönlichen Entwicklung unterstützen, hatte aber andererseits keine Lust, den Wohnungsputz auf Samstagnachmittag zu verschieben und mein freies Wochenende dadurch zu verkürzen.

Wir verabredeten einen Zeittausch: Ich schenkte ihr 90 Minuten meiner Zeit, hörte ihr zu, gab ihr Ratschläge und betete mit ihr. Und anschließend gab sie mir 60-90 Minuten ihrer Zeit: Wir wirbelten gemeinsam durch Büro und Wohnung, saugten, polierten und redeten nebenbei noch weiter – ein hervorragender Deal für beide Seiten.

Leben und lieben

Tipp

Schreiben Sie die Namen von ca. zehn Personen auf, denen Sie in nächster Zeit eine Freude machen möchten:

....
....
....

Fragen zum Weiterdenken

Mit wem könnte ich etwas Schönes oder »Banales« gemeinsam tun?

....
....
....

Mein Entschluss

Ich will mein Leben mehr mit anderen Menschen teilen, indem ich...

....
....
....

Leben multiplizieren

*Das Glück und die Liebe kann man nur multiplizieren,
indem man sie teilt!*
(UNBEKANNT)

Gerade als ich meinen Palm, den ich als Minischreibmaschine benutze, zuklappte, kam ein Bekannter vorbei, den ich schon fast ein Jahr lang nicht mehr gesehen hatte. Wir kamen ins Gespräch und begannen schon nach kurzer Zeit über persönliche Dinge zu sprechen. Er ist 38 Jahre alt und überlegt zum ersten Mal in seinem Leben, ob er Vater werden sollte... Ich habe ihn begeistert dazu ermutigt: »Es steckt so viel Potenzial in Ihnen. Sie können Dinge hervorragend erklären und einem Kind bestimmt sehr viel beibringen. Sie sind ein guter Musiker, ein erfolgreicher Geschäftsmann, Sie können gut mit Menschen umgehen – es wäre schade, wenn Sie das, was Sie haben, nicht an andere weitergeben würden.« Immer wieder fragte er nach: »Meinen Sie wirklich?« und kommentierte: »Ja, eigentlich denke ich das ja auch!«

Es steckt im Wesen der Schöpfung, sich multiplizieren zu wollen. Manche Menschen denken bei dem Stichwort »Multiplikation« eher an abstrakte Rechenaufgaben: »Stell dir einmal vor, du hast einen Euro. Wenn du den investierst und in einem Jahr verdoppelst, dann bist du in zwanzig Jahren Millionär. Du wirst eine Million und achtundvierzigtausendfünfhundertsechsundsiebzig Euro besitzen.« Wow! Solche Zahlen beeindrucken mich, aber leider gibt mir keine Bank 100% Zinsen und das Finanzamt hält dann immer auch noch die Hand auf. Die zwanzig Jahre Zeit, um reich zu werden, haben mir bisher auch gefehlt. Und, was am schlimmsten ist: Ich kann im Kopf maximal bis 1000 rechnen. Schon Prozentrechnung bringt mich an meine Grenzen. Und mit 2 hoch 32 (4.294.976.296) kann ich schon gar nichts mehr anfangen. Das Einzige, was ich bei einem solchen Zahlengewirr verstehe, ist: Multiplikation hat mehr Dynamik als Addition.

Aber wenn ich auf meinem Balkon stehe und meine Pflanzen pflege, kapiere ich auf meine Art und Weise, welche Dynamik das Prinzip der Multiplikation hat. Meine Erdbeerpflanzen können es nicht lassen, Ableger zu bilden, obwohl ich immer wieder versuche, ihnen zu vermitteln, dass ich nur zwei Blumentöpfe besitze. Kaum habe ich sie drei Tage alleingelassen, – flutsch – haben sie schon wieder einen Ableger gebildet. Und flutsch: noch einen. In diesen Erdbeeren steckt ein ungebremstes Potenzial, sich zu vermehren. Es genügt ihnen als Lebensziel offensichtlich nicht, köstliche Erdbeeren meiner Lieblingssorte zu produzieren, nein, sie wollen unbedingt weitere Erdbeerpflanzen hervorbringen, die dann wieder in der Lage sind, neue Erdbeeren– und vor allem neue Erdbeerpflanzen hervorzubringen. Bis eines Tages zwei hoch was weiß ich wie viele Erdbeerpflanzen diesen Planeten überwuchern und anfangen, Ableger zum Mond zu senden.

Gott hat dieses Potenzial zur Multiplikation in jede Pflanze und jeden Menschen hineingelegt. Er gab der ganzen Schöpfung den einen Auftrag: sich zu vermehren (Genesis 1,22). Und es geschieht: Alles, was lebendig ist, multipliziert sich und produziert neues Leben, das wiederum in sich die Fähigkeit trägt, erneut Leben hervorzubringen.

Multiplikation hat im Kern etwas mit Teilen zu tun. Um Leben zu multiplizieren, muss man es teilen. Das gilt für das biologische Leben ebenso wie für den geistigen und geistlichen Bereich. Man teilt einem anderen Menschen das mit, was man kann und weiß und im eigenen Leben umsetzt. Dieses Bedürfnis, die Dinge zu multiplizieren, die man weiß und erfahren hat, steckt in jedem Menschen. Dort, wo dieses Bedürfnis, etwas von dem Leben, das man in sich trägt, weitergeben zu können, nicht erfüllt wird, verkümmert der Mensch innerlich – selbst wenn er in materieller Hinsicht alles hat, was man sich wünschen kann.

Die Bibel erzählt die Geschichte eines Mannes, der der Bill Gates seiner Zeit war. Seine Viehzucht florierte und er hatte ein Team von guten, loyalen Mitarbeitern. Er war viel herumgekommen und hatte mehr von der Welt gesehen als die meisten Menschen seiner Zeit. Er hatte eine Frau, die so bildhübsch war, dass sie selbst im fortgeschrittenen Alter noch anderen Männern den Kopf verdrehen konnte. Und obendrein hatte er einen so guten Draht zu Gott, dass andere Menschen ihn als »Abraham, den Freund Gottes« bezeichneten. Er schien eines von Gottes Lieblingskindern zu sein.

Eines Tages hatte er obendrein auch noch eine private Unterredung mit Gott, der ihm sagte: »Hab keine Angst, Abraham, ich selbst beschütze dich, ich werde dich auch reich belohnen!« (1. Mose 15,1). Die meisten Menschen hätten sich über so ein göttliches Sicherheits- und Versorgungsversprechen gefreut wie über einen Sechser im Lotto. Aber Abraham wagt es, Gott darauf hinzuweisen, dass dies nur fünf Richtige sind, weil das das Entscheidende zum Hauptgewinn fehlt: »Ach Herr, mein Gott, was willst du mir denn schon geben? Ich haben keinen Sohn und ohne einen Nachkommen sind alle deine Geschenke wertlos!«

In anderen Worten: Wenn die Möglichkeit fehlt, das mit anderen zu teilen und an sie weiterzugeben, was man bekommen hat, verliert es seinen Wert. Es gehört Mut dazu, Gottes großzügige Geschenke und seinen Segen als wertlos zu bezeichnen. Aber materieller Besitz oder wunderbare Erlebnisse sind wertlos oder zumindest wertloser, wenn man sie nicht mit geliebten Menschen teilen und an geliebte Menschen weitergeben kann.

Es war für Abraham sicher eine emotionale Herausforderung, angesichts der langjährigen Negativerfahrung der Unfruchtbarkeit erneut um ein Kind zu bitten. Aber Gott ehrt dieses Gebet. Diese forsche, fast unverschämte Bitte um einen Nachkommen ist sogar das erste Gebet, das überhaupt in der Bibel erwähnt wird. Und dieses Gebet findet Erhörung, wohl auch deshalb, weil Gott Multiplikation in das Wesen der Natur und des Menschen hineingelegt hat und demzufolge ein Interesse daran hat, dass dieses Potential sich entfaltet.

Ich kann Abrahams Traurigkeit über den fehlenden Nachkommen gut verstehen. Vor einigen Monaten habe ich mein Stück Tropenwald besucht. Bei strahlend blauem Himmel stand ich in meinem Wald und bewunderte meine kleinen Bäume. Ich umarmte sie nicht – unter anderem deshalb, weil sich das bei der Gattung der Stachelzeder auch nicht sonderlich empfiehlt. Aber ich freute mich über meine gut gepflegten Bäume und war gleichzeitig traurig darüber, dass ich keine Kinder habe, an die ich meinen Wald später einmal vererben kann.

Nachkommen zu zeugen und ihnen das weiterzugeben, was man weiß und hat, ist sicherlich die natürliche Form der Multiplikation. Und es ist auch keine Einbahnstraße. Wir lernen von Kindern genauso wie sie von uns. Der Musiker Jason Upton erzählte bei einem Konzert einmal folgende Begebenheit: »Ich hielt meinen kleinen Sohn im Arm und fragte mich, wie ich es je schaffen könnte, ein guter Vater für ihn

zu sein, ihm all das beizubringen, was ich wusste und ihn zu einem verantwortlich handelnden Menschen zu erziehen. Als ich über all das nachdachte, empfand ich plötzlich, dass Gott zu mir sprach: ›Ich habe ihn dir nicht anvertraut, damit er so wird wie du, sondern damit du so wirst wie er.‹«

Wir haben es alle wieder nötig, von Kindern Lebensfreude, Vertrauen, Gelassenheit und Glück zu lernen... und wir wiederum können ihnen auch etwas von dem weitergeben, was wir über das Leben wissen. In diesem wechselseitigen Geben und Nehmen entfaltet sich viel von der Fülle des Lebens.

Der Wunsch danach das eigene Wissen, die eigenen Fertigkeiten an andere weiterzugeben, ist in jedem Menschen angelegt. Aber nicht jeder hat den Wunsch, dies im Rahmen von natürlicher Elternschaft auszuleben. Doch es gibt auch tausend andere Möglichkeiten. Als Single-Frau habe ich in der Regel immer einige Beziehungen zu jüngeren Frauen, die ich begleite, unterstütze und zu fördern versuche. Und einiges von dem, was ich im Leben gelernt habe, gebe ich auch in schriftlicher Form weiter.

Mein Vater hat neben seinem »Job« als Familienvater in jüngeren Jahren eine Handballmannschaft trainiert, dann in der Zeit nach der Wende große Freude daran gehabt, Geschäftsleute aus dem Osten Deutschlands bei der Umstellung auf die Marktwirtschaft zu unterstützen, und sich später dafür engagiert, dass seine Kirche eine neue Orgel bekommen würde. Meine kreative Mutter hat jahrelang an der Volkshochschule anderen Frauen verschiedene Kunst- und Handwerkstechniken beigebracht – bei mir ist sie in dieser Hinsicht leider nicht allzu weit gekommen. Ich habe am Beispiel meiner Eltern ein Leben lang vor Augen gehabt, was es bedeutet, sein Können und Wissen an andere weiterzugeben – innerhalb der eigenen Familie und darüber hinaus. Sie haben richtig gut gelebt! Und tun es jetzt noch!

Fragen zum Weiterdenken

Welche Menschen sind für mich Vorbilder in Bezug auf Weitergabe/Multiplikation? Wer könnte für mich Mentor sein?

....
....
....

Welche Fähigkeiten oder Wissensbereiche möchte ich gerne anderen Menschen vermitteln? In welchem Rahmen ist dies möglich?

....
....
....

Welche Menschen kann/möchte ich fördern?

....
....
....

Mein Entschluss

Ich will im Leben von anderen Menschen Leben hervorbringen und fördern, indem ich...

....
....
....

Im Aufzug tanzen

Extreme Lebenssituationen
Umgeben mich
Ziehen mich runter
Mit eiserner Schwere
Auf einen klebrigen Boden
Wände aus Stahl
Schränken mich ein
Meine Wangen fühlen
Metallene Kälte
Gedrängt in eine Ecke
Aus Eisen
In der ich nichts fühle
Als den Druck
Der Situation

Und doch
Beginne ich
Zu tanzen
Lache den Problemen
Zögernd ins Gesicht
Entscheide mich
Mir mein Menschsein
Nicht rauben zu lassen
Tanze für mich
Und für den
Der in mir ist

Himmel und Hölle
Beobachten mich
Und mit jedem Schritt
Verliert das Böse
An Kraft
Mich zu halten
Ich steige nach oben
Tanze zur Musik
Des Himmels
Die mich emporhebt
Zu meinem Ursprung
Der göttlichen Bestimmung

Tag 6

Belebende Beziehungen

Und Gott sprach: Die Erde bringe lebende Wesen hervor nach ihrer Art: Vieh und kriechende Tiere und wilde Tiere der Erde nach ihrer Art! Und es geschah so. Und Gott machte die wilden Tiere der Erde nach ihrer Art und das Vieh nach seiner Art und alle kriechenden Tiere auf dem Erdboden nach ihrer Art. Und Gott sah, dass es gut war.

Und Gott sprach: Lasst uns Menschen machen in unserm Bild, uns ähnlich! Sie sollen herrschen über die Fische des Meeres und über die Vögel des Himmels und über das Vieh und über die ganze Erde und über alle kriechenden Tiere, die auf der Erde kriechen!

Und Gott schuf den Menschen nach seinem Bild, nach dem Bild Gottes schuf er ihn; als Mann und Frau schuf er sie. Und Gott segnete sie, und Gott sprach zu ihnen: Seid fruchtbar und vermehrt euch, und füllt die Erde, und macht sie euch untertan; und herrscht über die Fische des Meeres und über die Vögel des Himmels und über alle Tiere, die sich auf der Erde regen! Und Gott sprach: Siehe, ich habe euch alles samentragende Kraut gegeben, das auf der Fläche der ganzen Erde ist, und jeden Baum, an dem samentragende Baumfrucht ist: es soll euch zur Nahrung dienen; aber allen Tieren der Erde und allen Vögeln des Himmels und allem, was sich auf der Erde regt, in dem eine lebende Seele ist, habe ich alles grüne Kraut zur Speise gegeben. Und es geschah so.

Und Gott sah alles, was er gemacht hatte, und siehe, es war sehr gut. Und es wurde Abend, und es wurde Morgen: der sechste Tag.
(GENESIS 1,24–31)

Gott sprach: »Ich habe alles gut gemacht!!« Am sechsten Tag stellte Gott alles fertig: Licht, Ordnung, Pflanzen, Zeiten, Tiere. Und er formte den Menschen. Danach sah er sich alles noch einmal in Ruhe an. Und kam zu dem Ergebnis, dass es sehr gut war.

Der sechste Tag ist der Tag der Fertigstellung und Vollendung. Gott schuf die Säugetiere und den wunderbaren Lebensraum, den er einer neuen Kreatur zum Genießen und Bewahren anvertrauen wollte. Als Letztes schuf Gott den Menschen. Bei der Erschaffung aller anderen Dinge hatte er lediglich sein kreatives Wort eingesetzt. Bei der Erschaffung des Menschen heißt es, dass er ihn in seinen kräftig-zarten Händen eigenhändig formte.

Ich töpfere gerne und kenne das Gefühl liebevoller Verbundenheit mit den Dingen, die ich mit meinen Händen schaffe. Zärtliche Liebe muss Gott erfüllt haben, als er all die Details des menschlichen Körpers modellierte: Augenbrauen, Ohrmuscheln, Hände, Füße, Augen, Fingernägel und die Härchen in den Ohren.

Anschließend blies er sein göttliches Leben in den Menschen hinein. Tag sechs erinnert mich daran, dass ich Leben aus der übernatürlichen Dimension empfangen habe. Ich gehöre gleichzeitig sowohl zu einer irdischen Welt, mit menschlichen Problemen, Herausforderungen und Chancen, als auch zu einer himmlischen Welt, in der andere Werte und Regeln gelten und wo Gott, das Leben, selbst der Maßstab ist.

Als Menschen brauchen wir sowohl die »himmlische« als auch die »irdische« und zwischenmenschliche Dimension, um ein Leben in gesunder Balance zu leben. Bis zu diesem Zeitpunkt hatte Gott am Ende der Schöpfungstage sich selbst immer das Prädikat »gut« für die geleistete Arbeit verteilt. Doch erst als er den Menschen geschaffen und ihm Zugang zu beiden Dimensionen gewährt hatte, bewertete Gott den Akt der Schöpfung mit der Bestnote »sehr gut.«

Das war sein Urteil, als er auf sechs kreative Tage zurückblickte. Er lächelte, als er sich die Stadien der Schöpfung in Erinnerung rief:

die Erschaffung der Stinktiere und Schmetterlinge, Kängurus, Elefanten, Wale, Wanzen und Rosen. Er beurteilte sein Werk.

Ich vergesse oft, zurückzusehen und hetze von einer Aktivität zur nächsten. Das Ergebnis davon ist innere Unruhe und das Pech, aus Fehlern nicht klug zu werden. Das beste Gegenmittel gegen diese ungesunde Hetze ist: ebenso wie der Schöpfer Gott Dinge im wohlwollenden Rückblick zu betrachten.

Der sechste Tag eignet sich für Reflexion. Ich sitze dafür gerne morgens mit einer großen Tasse Milchkaffee auf dem Sofa oder dem Balkon. Ich gönne mir die Zeit, um zur Ruhe zu kommen. Ich schaue auf den Arbeitsplan der vergangenen Woche, betrachte meine Erfolge und kann sie lächelnd zurück in Gottes Hand legen: »Danke, Vater, dass ich all das erledigen konnte.«

Ebenso blicke ich auf Sünde, Enttäuschungen und zwischenmenschliches Versagen zurück. Ich sehe die unerledigten Aufgaben, die geplatzten Träume und unerfüllten Erwartungen. Es ist ein gutes Gefühl, all das in Hände zu legen, die größer sind als meine. Gottes Hände, die Negatives verwandeln können. Zärtliche und starke Hände, die mich halten, so wie ich meine Tasse halte. Ich kann erleichtert aufatmen und sagen: »Ja, jetzt ist es gut!«

Den Rest des Tages, der nach dieser Reflexionszeit, Haushaltsaufgaben und dem Einkauf auf dem Markt noch übrig bleibt, gehört Freunden. Schon deshalb, weil es nicht gut ist, dass der Mensch alleine ist. Das Leben ist schöner, wenn man es gemeinsam mit anderen genießt. Ich genieße gemeinsame Radtouren, Partys, gemeinsam besuchte Ausstellungen oder intensive Gespräche bei einem Kaffee oder Glas Wein. Kurz: Ich genieße es, gemeinsam mit anderen Menschen mein Menschsein zu feiern.

Rückblick halten

Für das Vergangene sage: »Danke«. Für das Kommende sage: »Ja«.
(Dag Hammarskjöld)

Nach jedem kreativen Tag blickt Gott zurück und schaut sich an, was er gemacht hat. Am Ende des sechsten Tags macht er jedoch nicht nur einen kleinen Tagesrückblick, sondern er nimmt sich Zeit, auf die ganze Woche zurückzublicken. Er sieht alles Geschaffene noch einmal an und bewertet es. Sein Urteil lautet: »Es war sehr gut!« Erst dann läutet er den Tag der Ruhe ein.

Auch wir können erst dann wirklich zur Ruhe kommen, wenn wir unsere Aktivitäten noch einmal beurteilen. Ich schreibe mir am Anfang jeden Jahres, jeden Monats, jeder Woche und jedes Tages die Dinge auf, die ich in dem vor mir liegenden Zeitraum erledigen möchte. Und ich nehme mir die Zeit, anschließend zu beurteilen, was ich erreicht habe und wie gut ich es gemacht habe. Wenn mir Dinge gelungen sind, freue ich mich und bin dankbar dafür, dass ich die Energie hatte, sie zu erledigen.

Das ist ein schönes Gefühl. Es ist gut und erlaubt, so wie Gott zu sagen: »Das habe ich gut gemacht« oder »Das hast du gut gemacht!« Jeder Mensch blüht auf, wenn er Anerkennung für das bekommt, was er ist oder tut. Diese Anerkennung darf man sich durchaus selbst zusprechen. Noch schöner ist es natürlich, wenn andere das tun. Eine mit mir befreundete Lehrerin bat einmal alle Schüler ihrer Klasse, jeweils etwas richtig Wahres und Nettes über einen Mitschüler zu sagen. Sie erzählte, dass manche der Kinder begannen, zu weinen, weil sie es nicht gewohnt waren, dass jemand ihnen so etwas zuspricht.

Vor einigen Tagen gab mir eine Freundin ein Blatt Papier, auf dem 100 positive Eigenschaften aufgelistet waren. Sie hatte diejenigen Eigenschaften markiert, die mich ihrer Meinung nach besonders charakterisieren würden und noch 10 weitere dazugeschrieben, die in der Liste gar nicht erwähnt waren. Obwohl ich schon wusste, dass sie mich mag, tat es gut, schwarz auf weiß zu lesen, was sie an mir schätzt. Das Einzige, was mich wirklich irritiert hat, war, dass sie die

Eigenschaft »clever« nicht markiert hatte. Hmmmm, was soll mir das sagen?

Menschen, die diese Fähigkeit, anerkennend und dankbar Rückblick zu halten, nicht besitzen oder nutzen, werden immer von den noch unerledigten Dingen getrieben sein. Sie werden sich und andere hetzen, weil nie das zählt, was schon geschafft wurde, sondern nur das im Mittelpunkt steht, was noch zu erledigen ist. Diese Menschen werden selten zufrieden sein, weil ihr Blick nur auf das Negative, Unfertige und Unerledigte gerichtet ist. Mit einer solchen Negativhaltung kann auf Dauer kein Mensch leben, ohne unzufrieden und depressiv zu werden.

Wir Deutschen scheinen ohnehin Weltmeister im Jammern und Klagen zu sein. Wir tun uns schwer damit, Dinge positiv zu formulieren und uns selbst und anderen zu sagen: »Das hast du gut gemacht«. Hierzulande ist »nicht schlecht« schon ein großes Kompliment.

Natürlich gehört zu einem ehrlichen Rückblick auch die Akzeptanz dessen, was nicht funktioniert hat. Ein guter Trainer wird seine Mannschaft immer für das loben, was sie gut gemacht hat, aber er wird ihnen auch sagen, wo noch die Veränderung und Verbesserung nötig ist. Bei meinen wöchentlichen Rückblicken versuche ich, ein guter Coach für mich selbst zu sein. Ich sehe auf das Gute, aber ich versuche auch zu verstehen, warum manches nicht so geklappt hat, wie ich es mir am Anfang der Woche vorgestellt habe.

Ich frage mich: Habe ich mir zu viel auf einmal aufgeladen? Haben andere Menschen den Teil der Arbeit, der in ihrer Verantwortung lag, nicht wahrgenommen? Habe ich falsch geplant? Habe ich bestimmte Aufgaben nach hinten geschoben, weil sie mir unangenehm waren? Kurz: Ich versuche, zu analysieren, um es in Zukunft zu vermeiden, die gleichen Fehler nochmals zu machen.

Anschließend plane ich die nächste Woche. Ich sehe auf den »großen Plan« (die Monatsübersicht) und entscheide mich, welche der anstehenden Dinge ich in den nächsten sieben Tagen erledigen will. Das heißt eigentlich sechs Tagen. Denn zum Glück gibt es zwischen aller Arbeit den wunderbaren siebten Tag: den Tag der Ruhe.

Fragen zum Weiterdenken

Was habe ich in dieser Woche gut gemacht?

....
....
....

Was hat nicht funktioniert? Und warum?

....
....
....

Wofür bin ich dankbar?

....
....
....

Mein Entschluss

Ich will in meinem Leben regelmäßige Zeiten des Rückblicks einbauen, indem ich...

....
....
....

Beziehungen entwickeln

Ein Tag mit Freunden ist niemals lang genug.
(UNBEKANNT)

Auf dem Friedhof meines Heimatdorfes liegt ein Englischlehrer meiner früheren Schule begraben. Ich kannte ihn nicht persönlich. Ich weiß nicht einmal mehr, ob er nun Briley oder Brailey oder so ähnlich hieß. Aber der Satz, den er sich in der langen Krankheitszeit vor seinem Tod selbst als Grabinschrift gewählt hat, hat mein Leben geprägt. »When you think where man's glory does begin and end then say my glory was: I had such friends.« Frei übersetzt heißt das in etwa: »Wenn du dir Gedanken darüber machst, worin der Ruhm eines Menschen begründet liegt, dann sage: Den Ruhm oder Erfolg meines Lebens verdanke ich meinen Freunden.«

Mir hat dieses Zitat schon in jungen Jahren gezeigt, welche Bedeutung Freunde für das Leben eines Menschen haben. Die richtigen Freunde können das Leben unendlich bereichern. Die falschen Freunde können es zerstören. Meine Eltern sind mir ein Vorbild dessen, was die Pflege von Freundschaften betrifft. Mein Vater hat Freunde, die er seit über 50 Jahren kennt und mit denen er heute noch regelmäßig Zeit verbringt, manchmal sogar mit ihnen in den Urlaub fährt. Diese Freundschaften sind so stabil, dass ich weiß, dass ich mich auf einige seiner Freunde ebenso verlassen könnte, wie auf meine eigenen.

Es gibt Menschen, denen es leicht fällt, auf andere zuzugehen und zuerst oberflächliche, dann immer tiefer werdende Beziehungen aufzubauen. Anderen Menschen fällt das eher schwer. Während den einen Menschen die Freunde fast zuzufallen scheinen, müssen andere Menschen bewusst daran arbeiten, Beziehungen aufzubauen und zu pflegen. Dabei ist das Wort »Beziehungs-Arbeit« schon fast ein Widerspruch in sich. Eine Beziehung, egal ob es sich um eine Freundschaft oder Liebesbeziehung handelt, lebt von einer gewissen Ungezwungenheit. Man kann Freundschaft nicht mit Gewalt herbeiführen, ebenso wenig wie man Karotten dadurch zum Wachsen bringt, dass man an ihnen zerrt.

Um Karotten zum Wachsen zu bringen, kann man jedoch den Boden lockern, umgraben, düngen und von Unkraut befreien. Damit hat man das Wachstum noch nicht gebucht, weil es immer noch Faktoren gibt, die außerhalb des menschlichen Einflussbereichs stehen (zum großen Ärger der Menschen zum Beispiel das Wetter). Aber man kann das tun, was im Rahmen der eigenen Einflussmöglichkeiten steht.

Mit Freundschaften ist es ähnlich. Man kann sie nicht erzwingen. Man kann nichts zum Wachsen bringen, was nicht von selbst wächst. Aber man kann den Raum gestalten, in dem Menschen sich für Beziehung öffnen. Man kann die zarte Pflanze Freundschaft gießen, indem man miteinander Zeit verbringt, sich für den anderen interessiert und etwas zusammen unternimmt.

Für die einen sind das sportliche Aktivitäten, Einkaufen oder ein Abend in einem Club. Gemeinsame Aktivitäten vertiefen Beziehungen und schweißen sie enger zusammen. Andere Menschen bauen Beziehung verstärkt über Kommunikation. Sie brauchen Zeit und Raum, um Gedanken auszutauschen und fühlen sich dann mit jemandem eng verbunden, wenn dieses Bedürfnis gestillt wird.

Jeder träumt davon, Freunde zu haben, mit denen man alles teilen kann: Träume ebenso wie Aktivitäten, Urlaub ebenso wie geschäftliche Probleme. Es gibt aber in der Regel nur wenige Menschen, die uns in vielen oder allen Lebensbereichen Gesprächspartner und Gegenüber sein können. Im Idealfall heiratet man so einen Menschen dann gleich, wenn man ihn findet.

Meistens braucht man mehrere Freunde, um die unterschiedlichen Bedürfnisse gemeinsam mit anderen ausleben zu können. Ich habe das Glück, eine gute Freundin zu haben, mit der ich tief reden und beten, aber auch Projekte planen oder gemeinsam in eine Ausstellung oder ein Konzert gehen kann.

Mir fehlen Freunde, die mir fundierten Rat in geschäftlichen Angelegenheiten geben können. Ich habe auch nur wenige Freunde, mit denen ich die gleichen kulturellen Interessen teile. Da bin ich auf der Suche nach Menschen, die sich für die gleichen Dinge interessieren wie ich. In den letzten Monaten sind teils durch Zufall, teils weil ich bewusst nach neuen Freunden gesucht habe, Freundschaften zu Menschen entstanden, die diese Bereiche meines Lebens zumindest teilweise »abdecken« können. Ich fühle mich vom Leben wirklich beschenkt.

Tipps

- Finden Sie eine Aktivität, die Sie interessiert: Sport, Kochen, Kreatives... Dort begegnen Ihnen sicher interessante Menschen.
- Besuchen Sie eine Weiterbildung. Dort treffen Sie vielleicht andere, die sich für die gleichen Dinge interessieren wie Sie.
- Engagieren Sie sich ehrenamtlich bei einem Verein, der etwas unterstützt, das Sie für lohnenswert halten.

Fragen zum Weiterdenken

In welchen Bereichen meines Lebens will ich mich auf die Suche nach Freunden machen?

....
....
....

Welche Schritte kann ich aktiv unternehmen, um alte, eingeschlafene Freundschaften neu zu beleben/neue Freunde zu finden?

....
....
....

Mein Entschluss

Ich will in meinem Leben mehr Raum für wohltuende Beziehungen schaffen, indem ich...

....
....
....

Kraftspender und Kraftsauger

Manche Gefährten schlagen sich, aber mancher Freund ist anhänglicher als ein Bruder.
(Die Bibel, Sprichwörter 18,24)

Nicht jeder Mensch hat gute Freunde. Vor kurzem hat mir ein Mann erzählt, dass er nicht sicher ist, ob er echte Freunde hat. Alle seine Kontakte sind Menschen, mit denen er beruflich zu tun hat, so dass er nie weiß, ob sie wirklich an ihm interessiert sind oder nur daran, dass er ihnen möglicherweise beruflich von Nutzen sein könnte.

Anfänglich hatte ich viel Mitleid mit dieser Person. Ein Mensch, der nicht weiß, ob er Freunde hat oder wer seine Freunde sind, ist wirklich zu bedauern. Aber als ich ihn besser kennen lernte, konnte ich feststellen, dass nicht die Freunde das Problem waren, sondern er selbst: Wann immer er neue Menschen kennen lernte, beurteilte er sie nach dem Nutzen, den sie ihm bringen könnten, und versuchte, mit ihnen und durch sie Projekte zu verwirklichen, die er alleine nicht geschafft hätte. Das Negativbild, das er von anderen hatte, war letztlich nur ein Spiegel seines eigenen Verhaltens: Wer Menschen nur für seine Zwecke benutzen will, braucht sich nicht zu wundern, wenn er keine Freunde findet.

Freundschaft ist in erster Linie von Zwecklosigkeit gekennzeichnet: Anders als in Clubs, Vereinen und Parteien ist das Ziel einer Begegnung mit Freunden nicht, ein bestimmtes Ziel zu erreichen, viele Tore zu schießen oder einer Partei zum Wahlsieg zu verhelfen. Das Ziel einer Freundschaft ist einfach, Zeit mit einem Menschen zu verbringen, der sympathisch ist. Natürlich kann man auch mit Freunden Ziele erreichen, aber der Zweck einer Freundschaft ist in der Regel das Beisammensein. »Freunde sind Menschen, mit denen man gerne Zeit verbringt«, ist meine Definition von Freundschaft. Wenn man dann auch noch gemeinsam etwas erreicht, ist das wie ein Bonus obendrauf.

Was man mit der gemeinsam verbrachten Zeit macht, kann ganz verschieden sein. Manche Menschen treffen sich mit ihren Freunden primär zum Reden. Andere Menschen setzen den Schwerpunkt ihrer

Freundschaften auf die gemeinsamen Aktivitäten. In den letzten Jahren ist mein Bedürfnis, mit Freunden etwas zu unternehmen, sehr gewachsen, weil nichts so sehr verbindet wie etwas, was man gemeinsam erlebt hat. »Weißt du noch... ?«

Letztes Wochenende war ich mit einer Freundin auf dem Bücherfest. Wir gingen zu einer Lesung des Autors und Kunstsammlers Heinz Berggruen. Wir amüsierten uns miteinander über die Vorstellung, dass in seiner Jugendzeit die Menschen so viel Respekt vor den neu erfundenen Rolltreppen hatten, dass sie auf diesen Respekt einflößenden Transportmitteln steif und feierlich wie angewurzelt standen und es nicht wagten, ein Wort zu reden.

Wir schlenderten gemeinsam an Bücherständen vorbei. An einem Stand entdeckten wir die Geschichte vom Löwen, der nicht schreiben konnte und andere Tiere bat, doch einen Liebesbrief für ihn zu verfassen. Dumm war nur, dass die anderen Tiere nicht wirklich wie ein Löwe denken und schreiben konnten.

Sie luden die Angebetete zum Klettern auf Bäume und Bananen essen (der Affe), zum Tauchen und Algen fressen (das Nilpferd) und zu anderen un-löwigen Aktivitäten ein. Wir lachten Tränen beim Lesen dieses wunderschönen Kinderbuchs. Anschließend lasen wir uns Zitate aus verschiedenen anderen Büchern vor und lachten herzhaft über die prägnante Art, mit der manche Autoren Dinge beschrieben.

Zu guter Letzt gingen wir in ein überfülltes Café und genossen es, bei Caramel Macchiato und Kirsch-Schoko-Muffin das aktuellste aus dem Leben der jeweils anderen zu erfahren. Ich fühlte mich durch diese Zeit innerlich aufgetankt. Das gemeinsam Erlebte ist eine »Guthabeneinzahlung« auf dem Konto der Freundschaft.

Es gibt aber auch Menschen, die einem sehr viel Kraft rauben können. Ich bin ein grundsätzlich optimistischer Mensch, der in der Regel eher die Chancen als die Risiken einer Sache sieht. Ich brauche Freunde, die mir helfen, Situationen richtig einzuschätzen und mich so vor Fehlern zu bewahren. Vor kurzem habe ich mich in einem Projekt vertraglich nicht wirklich gründlich abgesichert und bin ziemlich auf die Nase gefallen. Ein guter Freund bot mir an, in Zukunft einen Blick auf die Verträge zu werfen, bevor ich sie unterschreibe, und mir mit Rat und Tat zur Seite zu stehen. Solche Freunde, die guten Rat geben und helfen, sind Gold wert.

Ich mag Menschen nicht sehr, die immer nur das Negative sehen. Menschen, die sich selbst nur dann gut finden können, wenn sie andere schlecht machen. Und die in jeder Suppe ein Haar finden – schon deshalb, weil sie so lange kopfschüttelnd davor sitzen, bis eines hineinfällt.

Ich fühle mich ausgenutzt und missbraucht, wenn Menschen mir immer von den gleichen Problemen erzählen, aber nicht bereit sind, meine Lösungsvorschläge anzunehmen, oder selbst konkrete Schritte zur Problemlösung zu gehen. Ich unterstütze Menschen gerne, aber als Müllschlucker bin ich nicht sonderlich gut geeignet, früher oder später wird mir schlecht, wenn ich zu viel Dreck von anderen schlucken muss.

Früher hatte ich immer ein schlechtes Gewissen, wenn ich nach dem dritten oder vierten Gespräch über ein und dasselbe Problem keine Lust mehr hatte, mir das Ganze noch ein viertes, fünftes und sechstes Mal anzuhören. Irgendwann wurde mir bewusst: Ich bin ein Mensch, der andere herausfordern und motivieren kann. Wenn ich anderen helfen kann, ihr Potenzial zu entfalten, blühe ich selbst auf. Gerade unterstütze ich eine junge Frau im Bereich Zeitplanung und Lebensorganisation. Sie will in diesem Bereich ihres Lebens weiterkommen und ich empfinde die Zeit, die ich mit ihr verbringe, nicht als Verlust, sondern als großen Gewinn für mich selbst.

Ganz anders geht es mir mit »Jammertypen«. Nach Gesprächen mit Menschen, die kontinuierlich klagen, fühle ich mich von ihren Sorgen beladen und hilflos, wenn ich spüre, dass meine Vorschläge nicht ankommen. Manchmal sage ich dann: »Du, ich glaube, ich bin hier nicht die richtige Gesprächspartnerin für dich! Ich denke, du solltest dir eine andere Person suchen, mit der du dieses Thema besprechen kannst.« Das ist nicht herzlos, sondern schlichtweg gesunder Menschenverstand. Es gibt andere Menschen, die genau die richtige Person sind, um einen depressiven Menschen aus der Depression zu führen. Ich bin es nicht.

Klar gibt es in jeder Freundschaft Phasen, in denen der eine den anderen trägt oder zumindest stark unterstützt: Wenn berufliche oder private Krisen über dem Freund oder der Freundin hereinbrechen, ist Unterstützung und Hilfe und auch das Bereitstellen einer Schulter zum Weinen eine Selbstverständlichkeit. Aber um selbst gesund leben zu können, kann man sich nicht mit zu vielen Menschen umgeben, die einem dauerhaft Kraft rauben, weil sie so depressiv, streitsüchtig, kompliziert, unzufrieden, launisch, hyperaktiv oder was auch immer sind.

Hier kann es helfen, die Menschen, die man Freunde nennt, im Kopf einmal zu sortieren und sich zu überlegen, welche Menschen man als Kraftspender und welche man als Kraftsauger empfindet. Und wenn die Anzahl der Kraftsauger überwiegt, ist es an der Zeit, sich zu überlegen, aus welchen Gründen man gerade mit ihnen Zeit verbringt: Benötige ich für meinen eigenen Selbstwert das Gefühl, gebraucht zu werden, selbst wenn ich faktisch nie etwas im Leben des anderen ändern kann? Habe ich Angst vor Kritik oder Ablehnung, wenn ich die Beziehung zu dieser Person einschränke oder beende? Zu verstehen, warum man in ungesunden Freundschaften gefangen ist, kann der erste Schritt dorthin sein, gesunde Freundschaften aufzubauen oder zu pflegen.

Fragen zum Weiterdenken

Welche guten Beziehungen möchte ich verstärkt pflegen?

....
....
....

Welche Menschen empfinde ich als Kraftsauger?
Will ich die Beziehung zu ihnen weiterführen?

....
....
....

Mein Entschluss

So will ich gute Freundschaften stärken und fördern...

....
....
....

Roter Teppich Ruhe

Gott rollt
Für Bettler
Den roten Teppich aus
In seinem Licht
Darf ich
Die Kleider der Scham ablegen
In denen ich mein Ich versteckte
Und den Panzer
Der mich vor Berührung schützte
Und meine Scheuklappen
Die eine
Verletzte Welt
Nicht sehen wollten
Nackt vor Gott
Angesicht zu Angesicht
Sehne ich mich danach
Ihn zu sehen
Und mich zu sehen
Wie er mich sieht
Sein liebevoller Blick
Umkleidet mich
Mit königsblauer Schönheit
Bedingungslose Annahme
Verschleiert meine Schwächen
Seine Berührung
Verwandelt Tränen
In Diamanten
Die mein Haupt krönen
Mit dem Mantel der Würde
Bekleidet
Kommt meine Seele zur Ruhe
Ich trete aufs Neue in die Welt
Auf dem roten Teppich
Seiner Liebe –
Ausgerollt für mich

Tag 7

Kraftspendende Ruhe

*So wurden die Himmel und die Erde und all ihr Heer vollendet.
Und Gott vollendete am siebten Tag sein Werk, das er gemacht hatte;
und er ruhte am siebten Tag von all seinem Werk,
das er gemacht hatte.
Und Gott segnete den siebten Tag und heiligte ihn;
denn an ihm ruhte er von all seinem Werk, das Gott geschaffen hatte,
indem er es machte. Dies ist die Entstehungsgeschichte der Himmel
und der Erde, als sie geschaffen wurden.*
(Genesis 2,1–4)

Gott sprach: »Ruhe.«

Alles Geschaffene ist vollendet. Jetzt ist Zeit, einfach nur zu sein.

Gott hielt den siebten Tag von den Anforderungen und Aufgaben der irdischen Welt frei, um dem Menschen Raum für die himmlische Dimension zu geben. Diesen Schöpfungstag hielt Gott von jeder Arbeit frei. Er tat nichts. Er war nur. Er war einfach nur Gott.

Und er lädt den Menschen zu diesem Tag des Seins ein. Der siebte Tag, der Tag der Ruhe, war der erste Tag, den der frisch geschaffene Mensch auf der Erde erlebte. Gott hatte die Schöpfung beendet und ruhte. Er ruhte sich nicht aus, denn er war nicht erschöpft. Er ruhte nicht aus, er ruhte nur in sich selbst.

Der Mensch, der erst am Tag zuvor geschaffen worden war, hatte auch noch nichts getan, was Erholung erfordert oder »verdient« hätte:

Weder Gartenarbeit noch spirituelle Übungen, es gab rein gar nichts, was eine Ruhepause gerechtfertigt hätte. Gott hatte überschäumende Freude an der Gemeinschaft mit dem Menschen und beschenkte ihn mit diesem »in der Ruhe mit Gott sein«.

Er gab dem Menschen das Geschenk der Ruhe nicht nach der Arbeit, sondern als Ausgangsbasis für alle folgende Aktivität. Sein Plan war, dass wir an diesem Ruhetag das Da-Sein und die Gemeinschaft mit Gott genießen und aus dieser Ruhe heraus unseren Auftrag angehen sollten. Unser Tun sollte aus dem Sein bei und mit ihm geschehen. Der Mensch sollte sich nicht durch gute Arbeit Gottes Anerkennung und Wohlwollen verdienen, sondern er sollte mit der gelassenen Gewissheit arbeiten können, dass ihm diese Liebe und Anerkennung bereits geschenkt worden ist.

Gott lädt uns ein, in seine Ruhe einzutreten, wie in einen gut geschützten, ummauerten Garten. Er will, dass wir uns in seiner wohltuenden Gegenwart aufhalten und bei ihm sind. Dazu hat er uns geschaffen. Er sehnt sich danach, dass wir Zeit mit ihm verbringen und ihn als Quelle allen Lebens erfahren. Es genügt nicht, vom Baum der Erkenntnis immer neue Früchte des rein intellektuellen Wissens zu pflücken. Was wir brauchen, ist die persönliche Erfrischung, die aus der Begegnung mit dem Schöpfer kommt.

Das bedeutet, dass wir zur Ruhe kommen und Abstand nehmen müssen von unseren albernen Versuchen, Gott durch unsere Arbeit und Leistung gefallen zu wollen. Wir gefallen ihm ohnehin. Er betrachtet uns mit den Augen der Liebe des Schöpfers und des Erlösers, der alles schon getan hat. Deshalb ist der siebte Tag auch ein Zeichen des Bundes mit uns Menschen. Er besiegelt die Verbundenheit der Menschen mit Gott.

In dieser Bundes-Liebe können wir zur Ruhe kommen. Wir können ruhen in dem Wissen, dass er, wenn wir es zulassen, unser Leben leiten und zur Entfaltung bringen möchte. Das beinhaltet all die verschiedenen Aspekte von Kreativität bis Ordnung, die er in uns hineingelegt hat. Und wir können ruhen in dem Wissen, dass seine Absichten mit dem Universum, der Menschheit und unserem persönlichen Leben in ihm bereits zur Erfüllung gekommen sind: im Garten der Schöpfung und am Kreuz, an dem die gefallene Schöpfung die Chance auf einen Neuanfang grundlos geschenkt bekam.

Zur Ruhe kommen

Wie oft eilst du, um Zeit zu sparen, und die vermeintlich gesparte Zeit brauchst du dann, um dich von der Hetze deines Lebens zu erholen?
(HEINZ KÖRNER)

Na Klasse! Da hatte ich mir vorgenommen, heute das Kapitel über »Ruhe« zu schreiben und habe die halbe Nacht nicht geschlafen, weil ich nicht zur Ruhe gekommen bin: Ich hatte einen entspannten, schönen Abend bei einer Freundin mit Haare färben, Tee trinken, Reden und Beten verbracht. Wieder zu Hause angekommen, habe ich mich noch einmal hingesetzt und mir Gedanken darüber gemacht, wofür ich an diesem Tag dankbar bin. Ich habe mich über meine »neuen« Haare und die fertig gestellten Texte in diesem Buch gefreut. Ich war recht glücklich.

Aber dann habe ich angefangen, mir Gedanken über ein ungelöstes geschäftliches Problem zu machen. Ich habe gegrübelt, gegrübelt und noch einmal gegrübelt und bin erst Stunden später wieder eingeschlafen – und jetzt entsprechend erschöpft.

Dabei habe ich als Wirbelwind in den letzten Jahren bewusst trainiert, zur Ruhe zu kommen. Das Erste, was zur Ruhe kommen muss, ist mein Körper. Ich kann nicht einschlafen oder mich auf etwas anderes konzentrieren, wenn ich gerade noch wie wild durch meine Wohnung gewirbelt oder kurz vorher sehr schnell mit dem Fahrrad nach Hause gefahren bin. Der Körper braucht in diesem Fall erst einmal eine »Umschaltphase«, um zur Ruhe zu kommen.

Nach einem langen, in der Regel intensiven Arbeitstag, den ich zu 90% am Computer verbracht habe, gestalte ich die Umschaltphase in der Regel so, dass ich nicht versuche, von Computerarbeit direkt auf mentale Freizeitbeschäftigungen wie Lesen umzuschalten, sondern eine Zwischentätigkeit einschiebe. In der Regel ist es das Putzen eines Raumes oder einer Ecke in meiner Wohnung. Dafür brauche ich vielleicht eine Viertelstunde oder zwanzig Minuten. In dieser Zeit kann ich durch die Bewegung (Ja, ich putze schnell) angestautes Adrenalin und gedanklichen Stress loswerden. Langsam versteht mein Körper die Botschaft: Die Arbeit ist für heute vorbei, etwas Neues kann beginnen. Für mich ist das schon deshalb wichtig, weil sich mein Büro in einem Raum meiner Wohnung befindet und ich daher Rituale brauche, um mich äußerlich und innerlich von der Arbeit zu lösen.

Für viele Menschen erfüllt Sport die gleiche Funktion. Nachmittags nach der Arbeit Sport zu treiben ist ohnehin für den Körper die beste Zeit, weil nach 16 Uhr die Atemfrequenz beschleunigt ist und das Herz so viel mehr Blut durch den Körper pumpen kann. Auch die Lungen arbeiten in dieser Zeit auf Hochtouren und produzieren bedeutend mehr Sauerstoff als zu anderen Tageszeiten. Das klingt traumhaft, ist aber für viele aus Zeitgründen nicht machbar, weil sie nach einem überlangen Tag schnell nach Hause müssen.

Wenn möglich, sollte man nach der Arbeit nach Hause laufen oder mit dem Fahrrad fahren. Wenn das nicht möglich ist, kann es beim Umschalten helfen, das Auto wenigstens 500 Meter weiter vom Arbeitsplatz entfernt abzustellen oder bewusst zu einer etwas weiter entfernten Bushaltestelle zu laufen. Der minimale Zeitverlust wird durch die Entspannung, die der Bewegung folgt, mehr als wettgemacht. Hat man keine andere Wahl und muss wirklich direkt im Anschluss an die Arbeit sofort mit öffentlichen Verkehrsmitteln nach Hause fahren, sollte man Wartezeiten wenigstens für Ein-Minuten-Gymnastik (Venenpumpe, Muskeln an- und entspannen) nutzen.

Jeder Mensch hat andere Ruhe-Muster. Der eine kann runterfahren, indem er aktiv ist, Sport treibt und sich bewegt. Für jemand anderen ist die vollständige Passivität der richtige Weg, um zur Ruhe zu finden, und wieder andere brauchen die Begegnung mit anderen Menschen, um Stress abzubauen. Und dann gibt es noch die Sorte Mensch, die sich entspannt, indem sie sich intensiv auf etwas anderes konzentriert – sei es nun die Modelleisenbahn, die Briefmarkensammlung oder ein Puzzle.

Egal, wie die individuellen Entspannungsmuster beschaffen sind: Je besser wir uns kennen und wissen, was uns hilft, zur Ruhe zu finden, umso einfacher und bewusster können wir umschalten, abschalten und bestimmte Erholungsmuster bewusst trainieren.

Man kann Ruherituale auch noch als Erwachsener lernen. Der Körper ist lernfähig und speichert bestimmte, wiederkehrende Situationen und Geräusche und verbindet sie automatisch mit den dazugehörigen Gefühlen. Ich zum Beispiel verbinde den Klang von Hubschraubermotoren mit Kriegsfilmen über den Zweiten Weltkrieg, weil sie für mich ähnlich klingen. Der Klang vorbeifliegender Hubschrauber löst deshalb bei mir immer ein leichtes Unwohlsein aus. Das genaue Gegenteil ist der Fall, wenn ich kleinere Motorflugzeuge höre. In meiner Kindheit flogen Motorflugzeuge nur im Sommer vorbei. Deshalb löst das leise Surren ihrer Motoren bei mir immer Gefühle von Sommer, Sonne, Freiheit und Lebensfreude aus. Man kann sich diesen Zusammenhang zwischen »gespeicherten Erfahrungen« und damit verbundenen Gefühlen bewusst zu nutze machen und Muster einüben, deren Aktivierung automatisch zur Ruhe führt.

Als ich über sechs Monate hinweg an meiner Magisterarbeit über den Roman »Robinson Crusoe« arbeitete, legte ich immer, wenn ich mit der Arbeit begann, eine Kassette (Ja, ich schrieb zu der Zeit, als man noch Kassetten hörte) mit Händels Wassermusik ein. Dann setzte ich mich mit einer Tasse Tee an den Schreibtisch und begann zu arbeiten. Dieses immer gleich bleibende Ritual half mir nach Gesprächen oder Hausarbeit zur Ruhe zu kommen, weil es meinem Körper signalisierte: »So, jetzt geht es wieder an die Arbeit.«

Jeder hat seine eigenen Ruhe-Rituale: Da gibt es den Lieblingssessel, in den man sich setzt, um mit Muße Zeitung zu lesen, wenn man von der Arbeit nach Hause kommt, oder die Ecke des Zimmers, in die man sich zum Denken verzieht. Aber die wenigsten Menschen nutzen die Kraft dieser Orte bewusst und gestalten sie als Plätze, zu denen sie gehen können, um zur Ruhe zu kommen.

In meiner Teenagerzeit gab es ein Steinkreuz in der Nähe meines Zuhauses, das für mich ein solcher Ruheort war, den ich immer wieder aufsuchte. Später war es ein Jägerstand, auf den ich mich zurückzog, wenn ich Abstand und Ruhe zum Denken brauchte. Dann gab es eine sonnendurchflutete Lichtung im Wald, oder wenn die Zeit zu einem Spaziergang dorthin nicht reichte, wenigstens den Rückzug auf das breite Fensterbrett meiner Studentenwohnung, von wo aus ich einen wunderbar weiten Ausblick über meinen Studienort und die umgebenden Hügel und Täler hatte.

Heutzutage höre ich schwungvollen Jazz, wenn ich neue, inspirierende Texte schreiben will, ruhige Klassik, wenn ich über komplexere

Sachverhalte nachdenke, und ruhige Anbetungsmusik, wenn ich Gott begegnen möchte. Wenn ich Mittagspause machen und umschalten will, setze ich mich auf zwei Schaumstoffkissen auf dem Balkon (im Winter auf einen Knautschsessel im Büro). Und wenn ich abends vom Tag abschalten will, tue ich das mit einer großen Tasse Karo-Kaffee in der Hand.

Fragen zum Weiterdenken

Was hilft mir, körperlich zur Ruhe zu kommen?
....
....
....

Welche Orte in meiner Wohnung oder Umgebung sind für mich Oasen der Ruhe?
....
....
....

Welche neuen Ruhe-Orte oder Ruhegewohnheiten könnte ich mir schaffen?
....
....
....

Mein Entschluss

Ich will Ruhezonen (neu) gestalten, indem ich...
....
....
....

Ich will in meinem Leben Ruhezeiten einbauen, indem ich...

....
....
....

Quälgeister loswerden

*Vergebung heißt: einen Gefangenen freizugeben –
und dann festzustellen, dass der Gefangene man selbst war.*
(UNBEKANNT)

Zu den Dingen, die uns innerlich am meisten belasten, gehören wohl die Erfahrungen menschlichen Versagens, wo Menschen sich uns gegenüber falsch verhalten haben oder wir anderen Menschen Schmerzen zugefügt haben. Es gibt keinen Menschen, der nicht schuldig wird und keinen, an dem andere nicht schuldig geworden sind – allen voran die Menschen, die uns sehr nahe stehen: Partner und Eltern. Selbst wenn man das Glück hatte, in einer so genannten intakten Familie aufzuwachsen, bleiben innerliche Defizite, die man nicht leugnen kann. Manche dieser Defizite geschehen durch konkretes Fehlverhalten: Eltern, die ihre Kinder brutal schlagen oder grundlos hart und streng behandeln oder gar sexuell oder körperlich missbrauchen, richten tiefen Schaden in einer Kinderseele an.

Aber Mangel an Gutem kann fast ebenso sehr schaden wie tatsächlich »böses« Verhalten und ist häufig viel schwerer greifbar. In der Seele bleibt nur eine Sehnsucht nach dem zurück, was man vermisst hat: Umarmungen, Verständnis, Zeit, oder interessierte Zuwendung.

Obwohl ich gute Eltern und eine weitgehend glückliche Kindheit hatte, gab es doch hin und wieder Situationen, in denen ich mich nicht verstanden oder ernst genommen fühlte. In solchen Zeiten habe ich mir dann ausgemalt, wie es wäre, wenn ich scheintot wäre und bei meiner Beerdigung alle Familienmitglieder nun endlich merken würden, was sie an mir verloren haben. Natürlich wollte ich nicht dauerhaft tot bleiben. Dazu war das Leben viel zu schön. Ich hatte geplant, bei der tränenreichen Beerdigung im richtigen Moment theatralisch aus dem Sarg zu steigen, um mich anschließend gebührend feiern zu lassen.

Diese Phase kindlicher Fantasien habe ich glücklicherweise hinter mir gelassen. Aber nach wie vor blüht in Konfliktsituationen meine Fantasie. In Gedanken spiele ich, wenn mir ein Mensch geschadet hat, unterschiedliche Racheakte durch. Diese Szenen sind allesamt bunt, fantasievoll und kreativ. Und schädlich. Nicht so sehr für die betreffende Person, denn bisher hinderten mich meine gute Erziehung, einige Tugenden und eine gute Portion Menschenverstand daran, sie tatsächlich auszuführen.

Aber Rachegedanken schaden in erster Linie mir selbst. Sie binden und blockieren Kreativität, die ich besser für andere Dinge einsetzen könnte. Und sie verstellen mir den Blick auf mich selbst. Weil ich mich auf die Fehler des anderen fokussiere, habe ich mich selbst und meine eigenen Schwächen, die zur Eskalation der Situation beigetragen haben, nicht mehr im Blick. In so einer Situation sehe ich mich als die alleinig Gute und der andere ist natürlich nur der Böse.

Aber vor allem rauben mir ungeklärte, ungelöste und unvergebene Situationen die Ruhe. Natürlich würde ich einem Menschen, der mich geschädigt hat, großherzig vergeben, wenn er reumütig sein Fehlverhalten einsieht, sich entschuldigt und Wiedergutmachung leistet. Aber so lange er das nicht tut? So lange alles in mir kocht, und ich wütend und verzweifelt bin? Dann ist es richtig schwer. Aber gerade jetzt, nicht erst in ferner Zukunft, brauche ich es, dass mein Herz zur Ruhe findet.

Es ist gut, sich zu vergegenwärtigen, dass in jeder Situation immer die Möglichkeit der Fehleinschätzung besteht. Ein Kunde schuldet mir seit einigen Monaten Geld. »Wahrscheinlich wieder einer mit so einer schlechten Zahlungsmoral«, dachte ich. Dann habe ich bei ihm angerufen, um die Sache zu klären. Die Frau des Schuldners teilte mir mit, dass ihr Mann derzeit im Krankenhaus liegt. Das hat meine Einschätzung über diese Person doch sehr geändert. Von jemandem, der im Krankenhaus liegt, erwarte ich nicht, dass er seine Rechnungen pünktlich begleicht.

Es gibt immer wieder Situationen, in denen man sich verletzt fühlt, weil man das Verhalten einer anderen Person falsch eingeschätzt und bewertet hat, die Situation aber tatsächlich ganz anders war. Doch daneben bleiben noch jede Menge Situationen übrig, in denen eine andere Person einem bewusst oder unbewusst tatsächlich geschadet hat. In manchen Fällen wird diese Person das eines Tages selbst einsehen, häufig aber auch nicht.

In solchen Situationen hat Vergebung nichts mit Gefühlen oder Leugnung der tatsächlichen Situation zu tun. Das Fehlverhalten oder die mangelnde Liebe von Menschen, seien es Eltern, Partner, Freunde oder Feinde, haben uns tatsächlich geschadet. Das braucht man nicht zu leugnen. Vergebung hat nichts mit Leugnung zu tun, sondern mit der Entscheidung, einen Menschen und sein Verhalten innerlich loszulassen. Dadurch kann ich mich von seinem oder ihrem Verhalten abkoppeln.

So lange ich das nicht tue, werde ich immer das Gefühl haben, dass mein Leben davon bestimmt wird, wie der andere sich verhält. Diese Abhängigkeit funktioniert aber nur so lange, wie ich dieser Person das Recht zubillige, durch ihr Verhalten mein Leben zu kontrollieren. Vergebung heißt deshalb auch: Ich entziehe dem anderen das Recht, mein Leben zu bestimmen oder zu zerstören. Und ich entscheide mich, aus meinem Leben, mit der Situation, so wie sie gerade ist, mit Gottes Hilfe wieder neu das Beste zu machen.

Vergebung fällt dann schwer, wenn wir denken, dass unser Leben für immer von dem Verhalten des anderen Menschen geprägt sein wird. In den meisten Fällen sind die Auswirkungen jedoch nicht so dauerhaft. Mir hilft die Frage: »Wie wird sich diese Situation in einem Jahr auf mein Leben auswirken?« dabei, mich zu entspannen. In den meisten Situationen weiß ich: In einem Jahr wird dieser Konflikt überwunden sein. Ich werde Lösungen entwickelt haben und ich werde darüber lachen, wie sehr ich mich jetzt gesorgt habe. Wenn ich in einem Jahr darüber lachen werde, warum sollte ich es nicht jetzt schon tun?

Die Person, der man am schwersten vergeben kann, ist in der Regel der Mensch, der einen anblickt, wenn man morgens in den Spiegel schaut. Sich selbst verzeihen zu können, ist eine der größten Lebensaufgaben, der man sich gegenübersehen kann. Man selbst weiß doch immer, was gut und richtig ist – und tut trotzdem oft das Falsche. Gerade wenn man es eigentlich besser gewusst hat und nun unter den Auswirkungen der eigenen falschen Handlungen zu leiden hat, fällt es unendlich schwer, sich selbst zu vergeben. Aber auch hier hilft die Entscheidung: Ich erlaube niemandem, mein Leben durch seine falschen Handlungsweisen dauerhaft zu zerstören – nicht einmal mir selbst. Ich entziehe dieser dumm gelaufenen Situation, diesem schuldhaften Verhalten, das Recht, mein Leben dauerhaft zu bestimmen.

Hier ist es wichtig, zwischen Schuldgefühlen und echter Schuld unterscheiden zu lernen. Echte Schuld ist immer klar und konkret: Ja, ich habe diese Person angelogen, ich habe in jener Situation sehr egoistisch gehandelt, ich habe diesen Menschen gehasst und ihm den Tod (oder zumindest gründlichen Misserfolg) gewünscht.

Im Gegensatz zu echter Schuld sind Schuldgefühle immer schwammig, nicht konkret und allumfassend: »Du machst immer alles falsch!« »Nichts was du tust, ist richtig.« Schuldgefühle sind Lügen, die uns die Lebensenergie rauben und die man bekämpfen muss. Bei Schuldgefühlen hilft auch die Bitte um Vergebung oder das Aussprechen der vermeintlichen Schuld vor anderen nichts, um Erleichterung zu bringen. Im Gegenteil: Man bestärkt durch die Wiederholung der Negativaussagen (immer alles falsch) nur noch die innere Ausweglosigkeit.

Echte Schuld hingegen kann man konkret vor Menschen und vor Gott bekennen: »Ich habe diese oder jene Sache falsch gemacht und bitte nun um Vergebung.« Ein klares Schuldbekenntnis wirkt befreiend – egal ob die andere Person einem daraufhin vergibt oder nicht. Gott entscheidet sich immer für Vergebung. In der Bibel steht: Wenn wir unsere Sünden bekennen, ist er treu und gerecht, dass er uns unsere Sünden vergibt und uns von aller Ungerechtigkeit reinigt (1. Brief des Johannes 1,9).

Diese innere Reinigung ist eines der schönsten Gefühle, das man überhaupt erleben kann. Ich kann mich noch wie heute an den Tag erinnern, als ich zuerst zwei Menschen und dann Gott erstmals konkret um Vergebung für eine Lüge gebeten habe, die mich monatelang belastet hatte. Es war, als hätte man mir eine Zentnerlast von den Schultern genommen – ein wunderbar befreiendes Gefühl.

Vergebung heißt auch: Man wird befreit von der Angst, dass die falsch gelaufene Situation das Leben für immer prägen wird. Mit der Vergebung entziehe ich einer anderen Person oder mir selbst das Recht und die Möglichkeit, mein Leben weiter destruktiv zu beeinflussen. Ich kann das tun, weil ich an einen Gott glaube, der größer ist als schwierige Situationen; an einen Gott, der in der Lage ist, etwas scheinbar Ausweigloses noch in etwas Hoffnungsvolles zu verwandeln.

Ich kann ihm mein Vertrauen aussprechen. Es kann helfen, sich innerlich zu sagen: »Ja, die Person hat mir geschadet. Das ist schlecht. Ich vergebe dem Menschen das, was er mir angetan hat und glaube nicht länger, dass mir sein Verhalten dauerhaft schaden kann. Ich glaube, dass Gott in der Lage ist, einzugreifen und mir helfen wird, eine Lösung für diese Angelegenheit zu finden.«

Vergebung ist der schnellste Weg, um Ruhe zu finden. Aber es ist auch ein kostspieliger. Es bedeutet, Gedanken der Rache, die man innerlich mit sich trägt, loszulassen und sich auf den Weg des Vertrauens zu Gott zu machen, der in der Lage ist, Dinge zu verändern.

Um Dinge innerlich loszulassen, hilft es mir gelegentlich, das Loslassen auch durch eine symbolische Handlung (z. B. wegwerfen) auszudrücken und damit sichtbar zu machen: Diese Sache ist nicht mehr in meinen Händen, ich habe sie losgelassen und an Gott abgegeben. Nur Hände, die leer sind, können wieder neu etwas von Gott und Menschen empfangen. Man kann niemandem die Hand geben, wenn sie zur Faust geballt ist.

Wenn man Situationen losgelassen hat, die einen belasten, kann man im neuen Vertrauen auf andere Menschen zugehen. Manchmal wird das Vertrauen wieder enttäuscht werden, weil Menschen sich eben nicht so verhalten, wie man selbst es sich wünscht. Aber meist wird es sich lohnen, Menschen und dem guten Gott im Himmel Vertrauen entgegen zu bringen – man selbst kann mit offenerem und ruhigerem Herzen leben – und man kann sich leichter von Menschen und Gott beschenken lassen.

Fragen zum Weiterdenken

Welchen Menschen habe ich noch nicht vergeben?

....
....
....

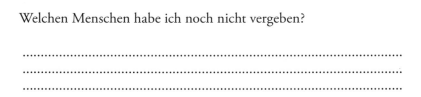

Mit welchen Menschen sollte ich ein klärendes Gespräch führen?

....
....
....

Wo fällt es mir schwer, Gott zu vertrauen, dass er etwas, das ich oder andere mir eingebrockt haben, zum Guten verändern kann?

....
....
....

Welche Menschen und Situationen will ich innerlich freigeben?

....
....
....

Mein Entschluss

Ich will in meinem Leben Raum für Vergebung schaffen, indem ich...

....
....
....

Routine der Ruhe

Es gibt Zeiten zum Sein, in denen man einfach nur ist. Es sind diese Zeiten, in denen Gott uns in der Stille sagt, wer wir sind und wie er sich wünscht, dass wir sein sollen. In diesen Zeiten nimmt Gott unsere Leere und füllt sie mit dem, was er hineinlegen möchte.
(MADELAINE L'ENGLE)

Kein Mensch kann ohne Pause immer nur weiterhetzen. Jeder Mensch braucht Phasen der Ruhe und der Regeneration. Es fasziniert mich, dass in der Bibel der Ruhetag als Zeichen des Bundes Gottes mit den Menschen beschrieben ist. Ein Leben mit Ruhepausen bringt zum Ausdruck: Ich bin nicht für alles verantwortlich; ich kann Pausen machen, weil ich mein Leben der Hand eines guten Gottes anvertraut habe, der größer und stärker ist als ich. Ein Leben ohne Ruhe und Pausen ist letztlich auch ein Gott-loses Leben. Man glaubt, alles selbst machen zu müssen und wird dadurch Gott los, weil Gott sich den Menschen nicht aufdrängt, sondern wartet, bis er eingeladen wird.

Gott hat große und kleine Routinen der Ruhe gehabt. Am Ende jedes Tages hielt er inne, blickte auf sein Tageswerk zurück und betrachtete, was er getan hatte. Er gönnte sich eine Nacht lang Ruhe und machte dann am nächsten Tag mit dem weiter, was für diesen Tag auf dem Plan stand. In meinem Büro gibt es praktisch nie Stillstand. Das Telefon klingelt regelmäßig und kaum bin ich mal ein paar Minuten weg vom Computer, schon sind ein Dutzend neue Nachrichten in meinem Posteingang eingetroffen. In anderen Jobs oder einer Familie ist das nicht anders: Kaum ist das eine Essen gekocht, ist die Meute schon wieder hungrig. Kaum ist die eine Maschine Wäsche gewaschen, haben die kleinen Rabauken schon wieder Fußball gespielt – mit den entsprechenden Farbveränderungen auf den gerade eben noch sauberen T-Shirts.

Weil das Rad des Lebens sich immer weiter dreht und uns mitreißen will, sind die bewussten Pausen so wichtig. Ich beende meinen Arbeitstag in der Regel mit den bereits beschriebenen Ritualen: Nochmals ein Blick auf meine Tagesliste. Betrachtung der grün eingefärbten Flächen auf meiner To-Do-Liste, die anzeigen, was geschafft ist. Das, was nicht erledigt werden konnte, wird auf die Liste des nächsten Tages übertragen. Wenn ich mir zwei oder drei Minuten Zeit für dieses »Ruhe-Ritual« nehme, gelingt es mir viel leichter, die Arbeit hinter mir zu lassen und auf Freizeit umzuschalten.

Ich weiß am nächsten Tag viel leichter, wo ich wieder einsteigen kann, als an Tagen, an denen ich auf Grund von Terminen vom Schreibtisch weghetze, alles stehen und liegen lasse und am nächsten Morgen nicht mehr weiß, wo ich am Abend zuvor aufgehört habe. Das gleiche gilt für den Rückblick auf die ganze Woche, über den ich schon geschrieben habe.

Neben bewussten Zeiten der Ruhe ist es auch eine Hilfe, Orte der Ruhe zu haben. Gelegentlich brauche ich in der Arbeit eine kleine Pause. Ich habe mir deshalb einen wunderbaren Knautschsessel zugelegt, in den ich mich nur dann setze, wenn ich etwas lesen oder ein paar Minuten abschalten will. Schon wenn ich mich in dieses bequeme Lümmelmöbel hineinwerfe, spüre ich: Jetzt ist Pause! In meinen Privaträumen ist das anders. Im Wohnzimmer sind es Kerzen auf meinem Couchtisch. Wenn ich mich auf meinem roten Sofa zurücklehne, ruhige Musik höre und in das sanfte Licht der Kerzen sehe, weiß ich: Jetzt ist Ruhe angesagt. Ich stelle mir manchmal vor, in meiner eigenen Wohnung im Urlaub oder zu Gast zu sein. Die Arbeit wird erst wieder nach dem Urlaub angepackt, jetzt darf ich erst einmal nur das Da-Sein genießen.

Für andere Menschen befinden sich die Ruheplätze außerhalb ihrer eigenen vier Wände: der kleine Park in der Nähe der Arbeitsstelle, die Ecke im Garten, zu der die Kinder nur selten kommen, die kleine Kapelle in der Nähe der Wohnung, das Café, in dem immer schöne Musik läuft. Das Wichtigste bei der Entscheidung für bestimmte Ruheplätze ist, dass sie regelmäßig aufgesucht werden können und als Ruheort »reserviert« sind. Eine Lieblingsparkbank wird im Inneren nicht als Ruheort wahrgenommen, wenn man manchmal dort Ruhezeiten hat, aber zu anderen Zeiten dort hektisch telefoniert oder die neuesten Börsenkurse liest. Ruheorte müssen tatsächlich für Ruhe reserviert sein.

Und sie müssen ruhig sein. Unsere Welt ist so voller Geräusche und visueller Eindrücke, dass wir Stille häufig nicht mehr ertragen können. Während ich dies schreibe, höre ich den ruhigen Rhythmus meiner Hände auf der Tastatur, im Hintergrund läuft Klassik, draußen fahren Autos vorbei und gelegentlich hört man auch ein Propellerflugzeug, das den Berliner Innenstadtflughafen Tempelhof ansteuert. Mobiltelefone melden sich mit verschiedenen Klingeltönen und Faxgeräte rattern. Und ja, ich höre sogar ein paar Vögel, meinen Atmen und den Schlag meines eigenen Herzens. Wirkliche Stille kennen wir kaum noch.

Ein Freund erzählte mir einmal, dass eines seiner bemerkenswertesten Erlebnisse in der Kindheit war, auf einer einsamen Insel zu sein und nichts zu hören. Weit und breit fuhren keine Autos, flogen keine Flugzeuge, noch nicht einmal Vögel zwitscherten. Es war einfach nur still.

Wir sind so sehr an den Lärm gewöhnt, dass Stille uns überrascht. Gelegentlich müssen wir diese Stille-Überraschung bewusst suchen. Entweder indem wir alles ausschalten, was in unserer Umgebung Lärm macht und visuelle Reize ausstrahlt. Sozusagen eine Art »audiovisuelles Fasten« zur Entschlackung der Sinne: Zwei oder drei Tage kein Telefon, E-Mail, Fernsehen, keine Musik und keine Zeitung, kann der Seele helfen, zu sich selbst zu finden.

Oder wir gehen bewusst an einen Ort, der uns Ruhe bietet. Viele Menschen empfinden es als hilfreich, Orte zum Rückzug aus dem hektischen Alltag zu haben, die sie zu besonderen Zeiten aufsuchen können. Manche Menschen halten ihre Reflexionszeiten in einem ihrer Lieblingscafés oder an einem See oder steigen auf einen Berg. Mein bevorzugter Ruhe- und Denkort ist, wie bereits geschrieben, das Gästehaus eines ehemaligen Klosters, in das ich etwa zwei Mal pro Jahr für einen oder mehrere Tage fahre.

Der Autor Stephen Covey hat solche Zeiten mit dem Schärfen einer Säge verglichen. Wenn ein Holzarbeiter Bäume sägt, braucht er dafür einiges an Kraft. Er kann immer weiter machen, immer mehr Kraft verbrauchen. Oder er kann ab und zu eine Pause einlegen, in der er sich hinsetzt, einen Schleifstein nimmt und das stumpf gewordene Sägeblatt schärft, um anschließend die Arbeit mit weniger Kraftaufwand und Kraftverschwendung vollenden zu können.

Manchmal nehme ich mir zu meinen Reflexionszeiten Musik, etwas zu Lesen oder meine Kamera mit, aber meistens begleiten mich auf diesen Tage der Stille nur eine Bibel und ein Notizbuch. In diesem Notizbuch lese ich die Wünsche, Ziele und Visionen, die ich mir während der vorausgegangenen Reflexionszeit aufgeschrieben hatte, nochmals durch. Ich überprüfe: »Was habe ich erreicht? Was hat sich anders entwickelt, als ich es gehofft oder geplant hatte?« Und ich mache mir Gedanken über die Monate, die vor mir liegen, meine Ziele, Wünsche, Pläne. Das, was ich verbessern und ändern will. Ich denke über Beziehungen nach, die ich bereinigen oder verbessern muss. Und ich rede mit Gott über das, was ich erreicht habe und was nicht.

Wenn ich alles immer wieder bewusst in Gottes Hand lege, kommt meine Seele zur Ruhe. Gott ist gut. Ich kann ihm vertrauen. Das gelingt mir mal mehr, mal weniger gut. Aber er ist meines Vertrauens wert. Er hat mich als »Human Being«, als Mensch, der ist, der sein darf, was er ist, geschaffen, nicht als »Human Doing«, als jemanden, der immer nur leisten muss. Er hat mir in der Art, wie er selbst seinen Wochenablauf gestaltet hat, ein Vorbild und Muster gegeben, dem ich folgen kann, wenn ich das möchte. Der Rhythmus der Schöpfung ist kein rigides Raster, sondern ein befreiender Rahmen, der zur Entfaltung meines Lebens beiträgt. Wie schön!

Fragen zum Weiterdenken

An welchen Orten fällt es mir besonders leicht, die Gegenwart des Schöpfers zu spüren?

....
....
....

Welche Orte könnten für mich zu besonderen Rückzugsorten werden?

....
....
....

Welche Materialien (Bücher, Blätter zum Malen etc.) könnten mir bei der Reflexion über mein Leben helfen?

....
....
....

Mein Entschluss

Ich will in meinem Leben Reflexionszeiten einbauen, indem ich...

....
....
....

Nachwort

Immer wieder fragen mich Menschen, ob ich diesen Schöpfungsrhythmus tatsächlich Tag für Tag einhalte. Die Antwort ist »Nein«. Es gibt Zeiten, da müssen bestimmte Aufgaben erledigt werden und übersteigen das im Schöpfungs-Wochenplan vorgesehene Zeitpensum. Als ich dieses Buch schrieb, habe ich mehrere Wochen lang täglich daran gearbeitet, obwohl bei mir nur der erste Tag der Woche für kreative Aufgaben wie das Schreiben von Texten und Büchern vorgesehen ist.

Es gibt solche außergewöhnlichen Zeiten, in denen man Konzepte und Regeln getrost über Bord werfen kann. Das Muster der Schöpfungswoche ist kein sklavisches Korsett, in das ich mich zwängen muss, sondern ein wohltuender Rahmen, in den ich mich begeben kann.

Der Schöpfungsrhythmus hilft mir, allen Aspekten, die mein Leben lebenswert machen, Raum zu geben: Kreativität, Ordnung, Frucht, Rhythmus, Leben, Beziehungen und Ruhe. Ich vermisse einzelne Bereiche, wenn der Rhythmus über mehrere Wochen hinweg durcheinander gerät, weil zum Beispiel die Wochenenden mit Seminaren gefüllt sind.

Wenn ich dem Muster der Schöpfungswoche gemäß leben kann, kommen alle zentralen Bereiche, die mein Leben ausmachen, zum Zug. Dann fühle ich mich seelisch und körperlich gesund. Ich brauche keine teuren Wellnesskuren, um mich von einem stressigen Leben zu erholen, weil mein Leben schon in sich ausgewogen und erfüllend ist. Wenn es nicht klappt, bleibe ich gelassen und versuche, so bald wie möglich zum wohltuenden Schöpfungsrhythmus zurück zu kehren.

Ich hoffe, dass Ihnen dieses Buch Anregungen und Impulse gegeben hat. Dass auch Ihr Leben in eine größere Balance und Ausgewogenheit kommt, wünsche ich Ihnen von Herzen.

Über Feedback und Anregungen freue ich mich. Sie können mich auch zu einem Seminar über dieses oder andere Themen einladen. Schreiben Sie mir doch! Ich werde Ihnen auf alle Fälle antworten.

Ihre Kerstin Hack

Anhang 1
Swing für Mehrere

Swing können Sie alleine lesen – oder auch gemeinsam mit anderen überlegen, wie Sie die Ideen und Prinzipien von *Swing* umsetzen können.

Die anderen können Ihr Partner sein, das Team, mit dem Sie arbeiten, Ihre Kinder, Kollegen...

Fertigen Sie am besten eine Liste mit den sieben *Swing*-Bereichen an, die als visuelle Hilfe vor Ihnen liegt.

Tipps für Gesprächsfragen

1. Wie würden wir auf einer Skala von 1 (eher schlecht) bis 10 (sehr gut) bewerten, wie gut wir jeden der sieben Bereiche in unser Leben integrieren?

....
....
....

2. Wie definierst du die sieben Bereiche für dich? Was bedeuten sie ganz praktisch für dich? Wie sieht die Umsetzung in deinem Leben aus?

....
....
....

3. Was genau läuft gut bei uns? Welche Bereiche leben wir aktiv? Wie setzen wir das ganz praktisch um?

....
....
....

4. Welche Bereiche kommen (häufig) zu kurz? Wie könnten wir den fehlenden Lebensaspekten mehr Raum geben?

....
....
....

5. Was müsste deiner Meinung nach konkret geschehen, damit die fehlenden Bereiche mehr Raum bekommen? Was können wir ganz praktisch tun? Was sind die ersten Schritte?

....
....
....

6. Wie können wir feststellen, ob wir diese Bereiche besser in unser Leben integriert haben?

....
....
....

7. Wie wollen wir unsere Fortschritte feiern?

....
....
....

Anhang 2

Die Schöpfungsgeschichte aus Genesis 1 + 2

Tag 1 – Explosive Kreativität

¹Im Anfang schuf Gott die Himmel und die Erde. ²Und die Erde war wüst und leer, und Finsternis war über der Tiefe, und der Geist Gottes schwebte über den Wassern. ³Und Gott sprach: Es werde Licht! Und es wurde Licht. ⁴Und Gott sah das Licht, dass es gut war; und Gott schied das Licht von der Finsternis. ⁵Und Gott nannte das Licht Tag, und die Finsternis nannte er Nacht. Und es wurde Abend, und es wurde Morgen: ein Tag.

Tag 2 – Dynamische Ordnung

⁶Und Gott sprach: Es werde eine Wölbung mitten in den Wassern, und es sei eine Scheidung zwischen den Wassern und den Wassern! ⁷Und Gott machte die Wölbung und schied die Wasser, die unterhalb der Wölbung von den Wassern, die oberhalb der Wölbung waren. Und es geschah so. ⁸Und Gott nannte die Wölbung Himmel. Und es wurde Abend, und es wurde Morgen: ein zweiter Tag.

Tag 3 – Nachhaltige Produktivität

⁹Und Gott sprach: Es sollen sich die Wasser unterhalb des Himmels an einen Ort sammeln, und es werde das Trockene sichtbar! Und es geschah so. ¹⁰Und Gott nannte das Trockene Erde, und die Ansammlung der Wasser nannte er Meere. Und Gott sah, dass es gut war. ¹¹Und

Gott sprach: Die Erde lasse Gras hervorsprossen, Kraut, das Samen hervorbringt, Fruchtbäume, die auf der Erde Früchte tragen nach ihrer Art, in denen ihr Same ist! Und es geschah so. [12]Und die Erde brachte Gras hervor, Kraut, das Samen hervorbringt nach seiner Art, und Bäume, die Früchte tragen, in denen ihr Same ist nach ihrer Art. Und Gott sah, dass es gut war. [13]Und es wurde Abend, und es wurde Morgen: ein dritter Tag.

Tag 4 – Gesunder Rhythmus

[14]Und Gott sprach: Es sollen Lichter an der Wölbung des Himmels werden, um zu scheiden zwischen Tag und Nacht, und sie sollen dienen als Zeichen und zur Bestimmung von Zeiten und Tagen und Jahren; [15]und sie sollen als Lichter an der Wölbung des Himmels dienen, um auf die Erde zu leuchten! Und es geschah so. [16]Und Gott machte die beiden großen Lichter: das größere Licht zur Beherrschung des Tages und das kleinere Licht zur Beherrschung der Nacht und die Sterne. [17]Und Gott setzte sie an die Wölbung des Himmels, über die Erde zu leuchten [18]und zu herrschen über den Tag und über die Nacht und zwischen dem Licht und der Finsternis zu scheiden. Und Gott sah, dass es gut war. [19]Und es wurde Abend, und es wurde Morgen: ein vierter Tag.

Tag 5 – Sprudelndes Leben

[20]Und Gott sprach: Es sollen die Wasser vom Gewimmel lebender Wesen wimmeln, und Vögel sollen über der Erde fliegen unter der Wölbung des Himmels! [21]Und Gott schuf die großen Seeungeheuer und alle sich regenden lebenden Wesen, von denen die Wasser wimmeln, nach ihrer Art, und alle geflügelten Vögel nach ihrer Art. Und Gott sah, dass es gut war. [22]Und Gott segnete sie und sprach: Seid fruchtbar und vermehrt euch, und füllt das Wasser in den Meeren, und die Vögel sollen sich vermehren auf der Erde! [23]Und es wurde Abend, und es wurde Morgen: ein fünfter Tag.

Tag 6 – Belebende Beziehungen

[24]Und Gott sprach: Die Erde bringe lebende Wesen hervor nach ihrer Art: Vieh und kriechende Tiere und wilde Tiere der Erde nach ihrer Art! Und es geschah so. [25]Und Gott machte die wilden Tiere der Erde nach ihrer Art und das Vieh nach seiner Art und alle kriechenden Tiere auf dem Erdboden nach ihrer Art. Und Gott sah, dass es gut war. [26]Und Gott sprach: Lasst uns Menschen machen in unserm Bild, uns ähnlich! Sie sollen herrschen über die Fische des Meeres und über die Vögel des Himmels und über das Vieh und über die ganze Erde und über alle kriechenden Tiere, die auf der Erde kriechen! [27]Und Gott schuf den Menschen nach seinem Bild, nach dem Bild Gottes schuf er ihn; als Mann und Frau schuf er sie. [28]Und Gott segnete sie, und Gott sprach zu ihnen: Seid fruchtbar und vermehrt euch, und füllt die Erde, und macht sie euch untertan; und herrscht über die Fische des Meeres und über die Vögel des Himmels und über alle Tiere, die sich auf der Erde regen! [29]Und Gott sprach: Siehe, ich habe euch alles samentragende Kraut gegeben, das auf der Fläche der ganzen Erde ist, und jeden Baum, an dem samentragende Baumfrucht ist: es soll euch zur Nahrung dienen; [30]aber allen Tieren der Erde und allen Vögeln des Himmels und allem, was sich auf der Erde regt, in dem eine lebende Seele ist, habe ich alles grüne Kraut zur Speise gegeben. [31]Und es geschah so. Und Gott sah alles, was er gemacht hatte, und siehe, es war sehr gut. Und es wurde Abend, und es wurde Morgen: der sechste Tag.

Tag 7 – Kraftspendende Ruhe

Genesis, Kapitel 2
[1]So wurden die Himmel und die Erde und all ihr Heer vollendet. [2]Und Gott vollendete am siebten Tag sein Werk, das er gemacht hatte; und er ruhte am siebten Tag von all seinem Werk, das er gemacht hatte. [3]Und Gott segnete den siebten Tag und heiligte ihn; denn an ihm ruhte er von all seinem Werk, das Gott geschaffen hatte, indem er es machte. [4]Dies ist die Entstehungsgeschichte der Himmel und der Erde, als sie geschaffen wurden.

Seminare
Erleben sie SWING live!

**Vorträge und Coaching
mit Kerstin Hack**

Vorträge
Kerstin Hack kann zu Vorträgen über »Swing – Dein Leben in Balance« eingeladen werden. Sie referiert tiefgründig, humorvoll und lebensnah. Veranstalter von Events für Geschäftsleute, Frühstückstreffen, Gemeinden und Schulungen finden in ihr eine kompetente und inspirierende Referentin zu Swing und anderen Themen.

Mehr Infos unter
www.swing.down-to-earth.de

Coaching und Beratung
Sie möchten im Alltag beSWINGter leben, stecken aber in alten Mustern fest? Sie suchen Begleitung und Beratung, um weiterzukommen?

Kerstin Hack bietet Ihnen professionelles Coaching und Begleitung nach dem Konzept der systemisch-lösungsorientierten Beratung an.

Mehr Infos unter
www.kerstinhack.de

Kontakt:
Kerstin Hack
Down to Earth

Laubacher Str. 16 II
14197 Berlin
Telefon: 030 8227962

info@kerstinhack.de
www.down-to-earth.de
www.kerstinhack.de

Down to Earth Verlag

Wann haben Sie sich zum letzten Mal so richtig lebendig gefühlt?

Kerstin Hack
Spring – Hinein ins volle Leben
160 Seiten

€ 12,80 [D] • **sFr 29,80**
ISBN 978-3-935992-40-4

Wo hat sich Ihre Lebensfreude versteckt? Wie können Sie das Leben neu entdecken? Lebendige Menschen sehen und fühlen, sind offen für Neues, genießen Begegnungen und lassen sich auf Veränderungen ein. Manchmal sind wir aber innerlich alles andere als lebendig...

Spring zeigt lebensnah und praktisch, wie Sie Haltungen und Denkmustern, die Ihnen Lebensfreude rauben, auf die Spur kommen können. Hier entdecken Sie, wie Sie sich von Ballast lösen können, damit Ihr Leben wieder leichter und froher wird. Lebensfreude inbegriffen.

Mit praktischen Tipps und Reflexionsfragen. Auch als tägliches Inspirations- oder Andachtsbuch geeignet.

Erhältlich in ihrer Buchhandlung oder bei folgenden Bezugsquellen:
Down to Earth bei Chrismedia · Robert-Bosch-Str. 10 · 35460 Staufenberg
Telefon 06406 - 8346-0 · Fax -125 · dte@chrismedia24.de · Online-Shop: **www.down-to-earth.de**
CH: profimusic gmbh · Schwerzistrasse 17 · 6017 Ruswil
Telefon 041 - 377 17 77 · info@profibooks.ch · Online-Shop: **www.profibooks.ch**

Impulshefte
Impulse fürs Leben

Impulshefte sind kleine quadratische Kraftpakete für den Alltag. Auf 32 Seiten finden Sie alles Wesentliche zu einem Thema prägnant zusammengefasst. Impulshefte passen in jede Hosen- und Handtasche.

Impulshefte sind...
- ideal zum Mitnehmen für unterwegs – als kleine Kraftquelle für den Alltag
- sehr gut für Gruppenarbeit geeignet
- das perfekte kleine Geschenk

Je € 2,- [D] · sFr 3,90
10er-Pack nur € 15,-

Swing-Mini · Impulse für Leben in dynamischer Balance
Die wichtigsten Gedanken aus Swing im handlichen Mini-Format – ideal zum Mitnehmen für unterwegs und zum Verschenken.

Power-Fragen · Impulse für Lösungen
Ein Heft, voller inspirierender, provokanter, frecher und ungewöhnlicher Fragen, die helfen, dort Lösungen zu entdecken, wo man bisher nur Mauern gesehen hat.

Lieben · Impulse für Leben in Beziehung
Ideen und Anregungen dafür, mit anderen liebevoller umzugehen und unsere Beziehungen stärken zu können. Für alle, die mehr und tiefer lieben möchten.

Leseproben und weitere Infos zu diesen und mehr als einem Dutzend weiteren Impulsheften zu Themen – von Umweltschutz bis Vaterliebe Gottes, von Emotionen bis Loslassen – finden Sie unter: www.impulshefte.de

Down to Earth Verlag

Nur die wenigsten von uns können sagen, dass sie verstanden haben, was es bedeutet, Gottes gelieber Sohn, seine geliebte Tochter zu sein.

Jack Winter
Heimkommen zu Gottes Vaterliebe
4. Auflage · 208 Seiten

€ 12,80 [D] • sFr 29,80
ISBN 3-935992-07-6

Gottes Liebe erleben. Gott als Vater erfahren und verändert werden. Im Vertrauen zu ihm wachsen. Ein Buch, das berührt und verändert. Für alle, die sich wünschen, dass das Wissen, von Gott geliebt zu sein, vom Kopf ins Herz rutscht. Tief, bewegend, lebensnah!

»Heimkommen« bringt Menschen, die es bisher schwer fanden, Gottes Liebe persönlich zu erleben, Gott nahe. Der Autor beschreibt seine reiche, persönliche Erfahrung, wie Gottes Vaterliebe ihn in der Tiefe seines Wesens ergriffen hat. Anhand der Geschichte des verlorenen Sohnes zeigt er die Eigenschaften des Vaters auf. Zwischen den einzelnen Kapiteln sind Lebensberichte von Menschen eingefügt, die diese Wahrheiten erlebt haben.

Erhältlich in ihrer Buchhandlung oder bei folgenden Bezugsquellen:
Down to Earth bei Chrismedia · Robert-Bosch-Str. 10 · 35460 Staufenberg
Telefon 06406 - 8346-0 · Fax -125 · dte@chrismedia24.de · Online-Shop: www.down-to-earth.de
CH: profimusic gmbh · Schwerzistrasse 17 · 6017 Ruswil
Telefon 041 - 377 17 77 · info@profibooks.ch · Online-Shop: www.profibooks.ch